IMPFER-REL.

LACORDAIRE

SA VIE, SES ŒUVRES

PAR FRANÇOIS BESLAY

PRÉCÉDÉ

D'UNE LETTRE DU P. LACORDAIRE A L'AUTEUR

PARIS

CHARLES DOUNIOL
LIBRAIRE
29, rue de Tournon

DENTU, LIBRAIRE
PALAIS-ROYAL
galerie d'Orléans

1862

LACORDAIRE

SA VIE, SES ŒUVRES

PARIS. — IMP. W. REMQUET, GOUPY ET Cie, RUE GARANCIÈRE, 5.

LACORDAIRE

SA VIE

SES ŒUVRES

PAR

M. FRANÇOIS BESLAY

❧

PARIS

CHARLES DOUNIOL
LIBRAIRE
29, rue de Tournon

DENTU, LIBRAIRE
PALAIS-ROYAL
galerie d'Orléans

1862

Nous publions aujourd'hui un travail déjà publié il y a six mois.

Il a été alors consacré à nos yeux par la plus haute et la plus précieuse approbation qu'il pût recevoir.

On nous a adressé quelques critiques. Nous remercions ceux qui nous les ont faites, mais nous ne saurions en tenir compte ici : l'illustre modèle s'est reconnu dans le portrait que nous avons tracé de lui. Il a considéré notre esquisse, et il l'a trouvée ressemblante. Cela suffit pour que nous n'y touchions plus. Un coup de crayon qui corrigerait une faute, changerait peut-être tout.

Ce portrait est celui de l'homme public, du grand orateur libéral et catholique. Il n'était point convenable jusqu'ici de représenter l'homme intérieur, le saint. Mais on est tenu à moins de discrétion envers les morts qu'envers les vivants, l'admiration pour ceux qui ne sont plus est libre, et d'autres vont peindre maintenant d'une main tremblante et le regard voilé par les larmes celui qui fut le Révérend Père Lacordaire.

Nous n'avons voulu, et nous n'aurions pu tenter ce qu'ils feront.

François **BESLAY.**

Ce 28 novembre 1861.

Monsieur,

Quelqu'un de mes amis, peut-être est-ce vous-
même, m'a envoyé le travail que vous avez publié sur moi dans la *Revue contemporaine* du
30 avril dernier. Je viens de le lire. Quoiqu'il soit
difficile de louer quelqu'un qui nous a loué nous-
même, je vous avouerai n'avoir encore rien lu sur
ma vie et mes œuvres qui m'ait paru plus vrai,
plus sincère, plus impartial et plus capable de me
faire connaître à moi-même. Jusqu'à vous j'avais
eu affaire à des amis ou à des ennemis : vous êtes
le premier, je le crois, qui m'ayez jugé sans parti
pris de me condamner ou de m'absoudre. Vous
avez vu les côtés faibles sans les exagérer, les
côtés dignes d'éloge sans les obscurcir. Parvenu
au terme de ma carrière, j'ai eu un grand plaisir

à retrouver dans vos pages la trace de mes pensées, du but que j'ai poursuivi, de mes succès et de mes rêves. Permettez-moi de vous en remercier. Je n'ai remarqué qu'une erreur dans la suite de votre récit : vous me faites aumônier du collége Stanislas. Je ne l'ai jamais été. Les chefs de cette maison m'avaient prié, dans l'hiver de 1834, de donner des conférences à leurs élèves. C'est à ce titre passager que j'y ai paru. Cette erreur ne fait rien au fond des choses; mais je la relève par honneur pour votre exactitude même.

Veuillez agréer tous mes remercîments et l'expression des sentiments très-distingués avec lesquels je demeure,

Monsieur,

Votre très-humble et très-obligé serviteur,

Fr. Henri-Dominique LACORDAIRE,
des Frères Prêcheurs.

LACORDAIRE

SA VIE, SES ŒUVRES

I

Il est difficile de parler froidement de l'homme
qui a récemment pris à l'Académie française la
place de M. de Tocqueville. Il s'est élevé à propos
de l'élection d'abord, plus tard après la réception,
une controverse ardente où chacun s'est engagé,
où quelques-uns même se sont un peu compro-
mis. Mettez d'une part beaucoup d'admiration et
un peu de partialité bienveillante, de l'autre beaucoup de mauvais vouloir et un peu d'injustice,
l'entente sera bien malaisée ; si elle ne s'établit pas,
il ne faudra pas trop s'en étonner. On doit donc

recueillir sans surprise, dans une cause aussi délicate, des jugements quelquefois contradictoires, mais tâcher d'observer les passions sans les partager soi-même. Le fanatisme s'attache aux plus petits détails et trouve de l'importance à ce qui n'en a pas. Les uns vous parlent du *père* Lacordaire, et, s'ils sont en famille, ils vont même jusqu'au *révérend ;* les autres, plus discrets ou plus gallicans, tiennent pour *l'abbé* Lacordaire ; d'autres, se croyant à l'Académie, disent *monsieur* Lacordaire ; d'autres enfin, ayant la mémoire longue, rappellent qu'il fut un temps où, dans une assemblée fort peu académique, on appelait à la tribune le *citoyen* Lacordaire. Querelle de mots, dira-t-on ; sans doute, et il n'en faudrait pas tenir compte si la lutte des mots ne cachait, ici plus que jamais, celle des idées et des opinions, et si la puérilité ne couvrait pas l'injustice. L'indifférence est impossible en présence d'un pareil conflit, et l'impartialité est très-difficile. Il est malaisé de rester parfaitement équitable entre des approbateurs enthousiastes et des détracteurs acharnés. Quoi qu'on dise, il faut s'attendre à n'être pas approuvé par tout le monde, ce qui décourage l'impartialité ; mais, quoi qu'on dise, on peut compter qu'on ne sera pas universellement désapprouvé, et c'est ce qui rend la partialité fort séduisante. En bien comme en mal, je

crois que l'on pourrait dire ce que l'on voudrait ;
on serait toujours certain d'avoir quelqu'un de
son avis, et toute exagération en pareille matière
a d'avance un bon nombre d'alliances promises et
assurées.

En dépit de ces promesses, il vaut mieux rester modéré. Mais là se trouvent précisément les
plus grands dangers. Les périls de la modération
ne sont pas les moins terribles, et, dans certaines luttes, il n'y a à recevoir tous les coups,
que les honnêtes gens qui ne veulent en donner
aucun ; il faut souvent beaucoup de courage
pour n'être point un peu téméraire. En pareille
matière, quand on désire s'adresser à tout le
monde, et qu'on ne veut blesser personne, le plus
sûr serait peut-être de ne point parler du tout ;
mais le silence lui-même aurait un sens, ou, s'il
n'en avait pas, on lui en donnerait un, voire même
plusieurs. Le mieux est donc de parler, puisqu'il
est dangereux de se taire. Trop heureux encore
ceux qui peuvent parler aujourd'hui sans démentir
ce qu'ils ont dit hier ! Il ne faut pas croire en effet
que le nouvel académicien ait vu les passions qui
l'attaquent et celles qui le défendent toujours servies par les mêmes hommes. Si ses admirateurs
ont fait des recrues, ils ont subi des défections ;
ces défections sont-elles légitimes et ces recrues
sont-elles sollicitées par des motifs désintéressés ?

Ceux qui ont quitté les rangs des admirateurs prétendent que ceux qui y sont restés, ou qui y sont venus, ont été retenus ou appelés par des préoccupations étrangères à la littérature et au goût de la grande éloquence ; ils ont mêlé la politique à l'Académie, ce qui est, dit-on, un grand tort. Ses admirateurs de la veille, comme ceux du lendemain, rendent à qui de droit les reproches qu'on leur adresse, et il en résulte qu'on est très-content, quand on veut avoir un avis, de n'avoir pas donné le sien quinze ans plus tôt ; on n'a ni la peine de se répéter, ni celle de se contredire.

II

L'homme qui soulève ces divergences a pour lui mieux que l'appui d'un parti : il a été doué d'un grand talent, et si le dénigrement va jusqu'à prétendre qu'il n'en a pas, il manque son but, et, le voulût-on, il serait impossible de le suivre. On peut disputer beaucoup et longtemps sur la nature de ce talent, mais le nier ferait croire ou à une grande ignorance ou à très-peu de bonne foi. La meilleure preuve du talent est le succès durable ; le témoignage du succès peut compter quand il est permanent : pendant quinze ans, les conférences de Notre-Dame ont été suivies par une foule attentive et obstinément assidue. Dès le matin, la nef de la grande basilique était pleine d'un auditoire qui payait volontiers par une attente prolongée pendant de longues heures le droit d'écouter pendant cinq quarts d'heure une parole qu'on n'entendait pas toujours bien ; à peine tombée des lèvres de l'orateur, cette parole, avidement recueillie, s'en allait, répétée et commentée, tenir dans l'attention publique une place alors disputée par les intérêts très-vifs de la politique ; la foule appelait la foule, et chaque semaine on disait, en sortant, que jamais il n'y avait eu autant de monde à Notre-Dame. La parole parlée a un prestige qu'elle dépouille en s'imprimant, « elle arrive au lecteur froide et décolorée (1). » Peu d'éloquences résistent à cette épreuve. Les Conférences de Notre-Dame l'ont subie victorieusement : le public qui les a écoutées les lit, et la génération nouvelle va y chercher l'écho d'une voix qu'elle n'a pas entendue. Lacordaire, en publiant ses Conférences, ne pouvait se défendre de craindre pour elles un accueil un peu froid ; il sentait que la séve de son émotion ne vivait plus dans ses paroles, il les comparait aux

(1) Préface des *Conférences*, p. xi.

feuilles mortes : « Quand, au soir de l'automne, les feuilles tombent et gisent par terre, plus d'un regard et plus d'une main les cherchent encore, et fussent-elles dédaignées de tous, le vent peut les emporter et en préparer une couche à quelque pauvre dont la Providence se souvient au haut du ciel. » Il s'excusait ainsi de tenter la fortune d'un succès qu'il n'osait espérer. L'ouvrage de Lacordaire a trouvé une faveur plus haute : les Conférences de Notre-Dame ont exercé une grande et salutaire influence sur la jeunesse catholique de ce temps-ci : c'est le but le plus élevé qu'ait dû chercher leur auteur ; faire par sa parole et par la diffusion de sa pensée un grand bien à ses contemporains, c'est la plus enviable des récompenses. Lacordaire en a reçu une autre : il est venu s'asseoir à côté de Mgr Dupanloup, dans l'enceinte étroite de l'Académie française ; c'est, quoi qu'en disent ceux qui ne sont pas de l'Académie, un grand et précieux honneur. Comme il est plus facile de se moquer de l'Académie que d'en être, il y a toujours en France beaucoup d'esprits pour dénigrer l'illustre compagnie ; mais le public, désintéressé dans la question, est meilleur juge que M. Arsène Houssaye, et il persiste à croire que c'est un honneur d'être l'un des quarante. Lacordaire a donc vu son talent consacré par le double hommage d'une faveur très - populaire et d'une élection académique.

Il est bien connu depuis longtemps que le talent
ni le succès seuls ne peuvent rien; il leur faut le
concours de certaines conditions. Dans quelque
genre qu'il se produise, le talent ne vaut que par
les idées qu'il sert. L'admiration, qui dans le talent ne veut saluer que le talent lui-même, peut
être l'habitude de quelques esprits sophistes, et
sceptiques en littérature comme en politique.
L'homme de bien qui juge le talent d'un person-
nage lui demande compte de ses opinions, de son
caractère, et, s'il rencontre de grandes qualités
au service d'un esprit bas ou d'une idée fausse,
il refuse son admiration et la réserve honnête-
ment pour d'autres occasions; sans cette règle,
la critique sérieuse n'aurait plus de principe : l'é-
tude de l'éloquence se confondrait avec celle de la
musique; on ne ferait plus de différence entre un
philosophe et un sophiste, un rhéteur et un orateur, ou si, comme quelques-uns l'ont prétendu,
l'art était à soi-même son but et sa fin, la critique littéraire, comme la critique historique, de-
viendrait le passe-temps misérable des beaux-
esprits désœuvrés. Le principe contraire, qu'il ne
faut jamais perdre de vue, doit particulièrement
dominer la pensée quand l'homme que l'on juge
est un orateur sacré et un philosophe religieux;
le caractère, la sincérité des croyances, la jus-

tesse de l'esprit deviennent des conditions indis-
pensables sans lesquelles le talent ne peut prétendre au respect, ni même à l'attention. Si vous
appartenez par vos œuvres à la foule qui en-
combre les coulisses de la littérature frivole, je
me tiendrai satisfait pourvu que vous ayez du
talent et de l'esprit, je ne vous demanderai pas
trop rigoureusement compte de votre caractère,
de vos démarches publiques, de vos croyances;
vous n'avez d'intention que celle de m'amuser;
si je ne m'ennuie pas en vous lisant, votre enga-
gement est rempli, et à la rigueur vous êtes
quitte. Il n'en est plus de même si vous êtes un
orateur ou un philosophe; il en est tout autre-
ment si vous êtes un prêtre. Alors avec votre
prétention grandit le droit de vous contrôler, s'é-
tend la portée de ma critique; il faut que je con-
naisse la croyance qui vous fait parler, le but où
vous m'entraînez; puisque vous me demandez
d'obéir à votre commandement, il faut que vous
donniez d'abord la raison de mon obéissance.

Lacordaire est plus qu'aucun orateur et qu'aucun philosophe catholique exposé à ces exigences,
plus ou moins indiscrètes, certainement légitimes.
S'il eût borné sa vie aux limites de l'apostolat
ordinaire, ces questions ne lui seraient point
faites : mais il a ouvertement rompu avec les traditions habituelles de la prédication et de l'ensei-

gnement chrétien, il a inauguré une nouvelle méthode d'apostolat. S'il n'a pas avancé des idées nouvelles, il a trouvé des moyens nouveaux de proposer, d'exposer, de défendre les idées anciennes de la foi catholique ; il a innové, il a modifié : ces innovations, il ne s'en cache point, il les a faites franchement ; il n'a pas craint qu'on dît de lui qu'il était innovateur ; quelques-uns prétendent qu'il l'a voulu : un pareil rôle n'a rien en soi d'illégitime, mais il expose celui qui l'accepte à ce qu'on lui demande un compte exact de ses pensées et de ses paroles. Je n'ai pas à discuter l'enseignement de Bourdaloue. Pourquoi cela? Parce que l'autorité traditionnelle de l'enseignement catholique couvre la parole du sermonnaire. Bourdaloue prêche ce que ses devanciers ont prêché ; il marche dans la voie qu'ils ont suivie ; il s'appuie sur les mêmes raisonnements ; il procède avec la même méthode. Je n'ai pas plus raison de discuter cette méthode, ces raisonnements, ces traditions chez lui que chez tout autre. Il est garanti contre les indiscrétions de la critique par l'approbation traditionnelle de l'Église : je ne peux le frapper sans atteindre l'Église ; réduit à lui, le débat n'a pas de raison d'être. Qui me défend au contraire d'attaquer Lacordaire? aucune tradition ne le protége. Sans doute, si je me plaçais au point de vue dogma-

1.

tique, si je voulais soutenir, par exemple, — et j'en choisis un que je ne veux pas donner, — que Lacordaire n'est pas orthodoxe dans son enseignement, je serais arrêté par cette considération que l'Église, juge souverain de l'orthodoxie dans la parole de ses ministres, n'a jamais démenti l'orateur de Notre-Dame; — mais il ne s'agit pas ici de ces délicates questions qu'il faut résoudre théologiquement ou ne pas aborder; je cherche seulement si le genre adopté par Lacordaire est conforme à l'esprit de l'Église; s'il a été entraîné à l'adopter par désir personnel d'un succès d'amour-propre; si, au contraire, sa méthode, son enseignement, sa philosophie répondent aux intérets sérieux de la cause catholiqne, servent utilement les exigences de l'apostolat chrétien. Ces questions humaines n'ont rien de théologique : tout le monde est en droit de les poser à Lacordaire; il n'échappe en aucune façon à la nécessité d'y répondre : le célèbre dominicain n'est d'ailleurs point de ceux qui cachent leurs idées et les enveloppent; son défaut, si c'en est un, est, au contraire, de faire trop souvent ce qu'on appelait, il y a douze ans, sa profession de foi. Lacordaire est si plein de sa doctrine, qu'il ne perd aucune occasion de l'affirmer. Ses Conférences montrent partout l'homme qui les prêcha; il y éclate à chaque page; rien de moins imper-

sonnel que la parole de Lacordaire. Le moi est
haïssable selon Pascal, et toute la grande école
des sermonnaires du xviie siècle a entendu le
conseil du philosophe janséniste. Écoutez Bossuet, Bourdaloue, Massillon, ce n'est point eux
qui parlent, c'est toujours Dieu et l'Église ; ils
se contentent de répéter, de traduire ; ils ont soin
toujours de se retrancher derrière l'usage tradi-
tionnel et universel de l'enseignement catholique.
Il ne s'agit jamais de ce qu'ils pensent, et cependant la pensée de Bossuet pouvait être de quelque poids ; le mot d'autorité est sans cesse sur
leurs lèvres ; mais l'autorité qu'ils imposent, ce
n'est pas celle de leur opinion personnelle, c'est
de l'autorité générale de l'Église qu'il s'agit. Lacordaire procède différemment ; il se pose franchement en face de son auditoire ; il appelle sur
lui la réfutation, l'outrage, la critique ; il ne se
couvre d'aucun manteau, d'aucune tradition hié-
rarchique, et, toujours et à toute occasion, il revient à l'expression et à l'affirmation de sa
croyance ; il pousse ce soin de manifester toujours sa conviction jusqu'à faire, dans son discours de réception à l'Académie française, une
profession de foi démocratique ; il n'y a aucune
indiscrétion à discuter une croyance si publique ;
Lacordaire est le premier à y inviter tout le
monde. Il reconnaît à ses adversaires le droit de

le condamner ; à ses auditeurs le droit de l'inter-
roger ; à ses admirateurs, la liberté de raisonner
leur admiration.

III

En 1830, celui que l'on appelait alors l'abbé Lacordaire était ~~aumônier~~ du collége Stanislas (1) ;
il n'avait pas encore trente ans : sa vie, si courte
qu'elle fût, était déjà bien remplie. A vingt ans,
après avoir étudié le droit à Dijon, Lacordaire
était venu prendre rang au barreau de Paris, où
se pressaient alors tant d'hommes éminents :
jeune avocat, il s'était fait remarquer par les promesses d'un talent naissant. Saisi au début de
ses travaux judiciaires par une vive préoccupation des intérêts politiques, agité par une curiosité inquiète et un vif désir de connaître les
mœurs publiques de l'Amérique, il avait un
moment formé le projet d'aller étudier de l'autre
côté de l'Océan les institutions que s'était données la patrie de Washington. M. de Chateaubriand en racontant son voyage en Amérique, et
en plaçant dans le Nouveau-Monde les scènes de
ses romans, avait exercé sur les imaginations de
ses jeunes contemporains une influence de séduc-

(1) *Voir*, au commencement de cette notice, la lettre
adressée à l'auteur.

tion puissante. Renonçant à ce pèlerinage au pays de la liberté et des forêts vierges, le jeune homme, plus sage que René, était entré au séminaire de Saint-Sulpice. Un matin, dans les derniers jours de 1824, Mgr de Quélen vit entrer dans son cabinet le jeune avocat bourguignon. Il n'était guère alors connu à Paris que des fondateurs de la Société des bonnes études, MM. Bailly, Alexis de Noailles et Berryer. L'archevêque s'avança au-devant du jeune homme qui s'inclinait ; quand il eut appris de lui qu'il se proposait d'embrasser la vie religieuse, il lui tendit affectueusement la main, et lui dit : « Soyez le bienvenu, vous plaidiez des causes humaines, vous en plaiderez une éternelle (1). » Ce changement de carrière répondait à un changement de croyances. Henri Lacordaire, voltairien au collége de Dijon, à l'École de droit, au barreau même, était devenu, en 1824, catholique fervent, et, à peine converti, avait résolu d'être prêtre ; la cause de sa conversion, il l'a dite : « L'évidence historique et sociale du christianisme lui était apparue dès que l'âge lui avait permis d'éclaircir les doutes qu'il avait respirés avec l'air dans l'Université (2). » L'am-

(1) *Vie de madame Swetchine*, par M. de Falloux, t. i, p. 347.

(2) *Considérations sur le système philosophique de M. de Lamennais*, p. 159 et 160.

bition avait-elle mêlé sa voix à celle de l'intelligence convaincue, et Henri Lacordaire, en rompant avec le monde pour entrer au séminaire, rêvait-il de partager les hautes dignités de l'Église ? On l'a dit ; mais il est assez difficile de le croire : on s'imagine toujours avec peine que l'ambition puisse conduire personne sur le chemin du séminaire. En 1824, Henri Lacordaire, esprit indépendant et très-peu monarchique, devait voir avec déplaisir les faveurs maladroites que les Bourbons prodiguaient au clergé, leurs préférences inhabiles pour les représentants les plus impopulaires de l'Église de France ; il ne pouvait manquer de sentir que ces faveurs désignaient à l'impopularité universelle les hommes qui les sollicitaient ou même qui les acceptaient ; comment croire qu'avec cet esprit et la vue de ces spectacles Henri Lacordaire ait été conduit par une pensée d'ambition personnelle vers le séminaire de Saint-Sulpice ? Il ne pouvait prévoir les futurs triomphes de Notre-Dame : l'auditoire qui devait les offrir à l'abbé Lacordaire en 1835 n'existait pas en 1824 ; à cette époque, la jeunesse libérale tout entière était irréligieuse ; on ne voit pas comment l'aumônier du collége Stanislas se fût fait prêtre par ambition. Si les vraisemblances ne se réunissaient pas pour arrêter un pareil soupçon, le caractère de Lacordaire suffirait pour l'effacer ; il n'est pas une âme grande qui puisse voir dans le sacerdoce catholique un moyen d'assurer un succès d'orgueil personnel et d'ambition humaine : est-ce à dire que le jeune Lacordaire ne fût pas ambitieux ? Non, sans doute.

Il ne s'agit point ici de jouer sur les mots, mais il faut faire une observation. Ni la loi morale ni la loi évangélique ne défendent l'ambition. En soi, elle n'est ni un vice ni un travers ; l'ambition n'est autre chose que l'âme violemment tendue vers un but qu'elle désire vivement atteindre, vers une fin qu'elle veut remplir. L'objet de l'ambition est-il honnête, pur et grand, l'ambition n'a rien de coupable ; est-il mauvais, l'ambition devient une passion, grande quelquefois, mais d'une grandeur fausse, vile et basse réellement. Il ne faut reprocher à personne l'ambition, c'est une nature de l'âme qu'on ne change pas. Certains hommes sont ambitieux comme d'autres sont indifférents ; ne blâmez ni ceux-ci ni ceux-là ; leurs natures sont telles ; il ne faut louer ou condamner dans le caractère que ce qu'il y a de volontaire, jamais ce qui est instinctif et fatal. La loi évangélique, si sévère qu'elle soit, ne condamne nulle part l'ambition ; que dis-je ? elle la conseille, elle l'ordonne ; mais, réglant la passion, elle lui donne un objet qui la justifie, et pour me servir du mot théologique, qui la sanctifie. Ce qui fait la confusion, c'est que l'ambition apostolique et l'ambition personnelle se servent de quelques moyens qui sont communs à l'une et à l'autre. Ce qu'il faut condamner, ce n'est pas seulement l'ambition personnelle qui n'a pour objet que la satisfaction de l'amour-propre égoïste, c'est encore l'ambition apostolique qui use de moyens illégitimes, et adopte les pratiques de l'ambition personnelle. Là est le mal, là il doit être repoussé ; il n'est pas dans l'effort d'une âme ardente poursuivant par tous les moyens honnêtes une fin légitime. Lacordaire serait-il d'un autre avis ? non, certes. « Que l'ambition soit une passion, je le veux ; mais du moins c'est une passion qui exige de la force, et, après le service désintéressé de Dieu, je ne connais rien de plus héroïque que le service public de l'homme d'État. Le comte de Maistre aurait dû dire que le besoin de la souveraineté est inné dans le cœur de l'homme. Et pourquoi pas ? Savez-vous bien la première parole qui vous a été dite quand vous tombiez des mains de Dieu ? savez-vous quelle a été la première bénédiction de l'humanité ? Écoutez-la, fils d'Adam, et connaissez votre grandeur : « Croissez et multipliez-vous, » a-t-il été dit à la race humaine, quand Dieu lui parla pour la première fois ; « croissez et multipliez-vous, et rem-

plissez la terre et soumettez-la, et commandez aux
poissons de la mer, aux oiseaux du ciel et à tout
ce qui se meut sur la terre. » Si telle est votre vocation, Messieurs, si vous avez été appelés à gouverner la terre, comme les esprits célestes ont
été appelés à gouverner les sphères supérieures,
pourquoi n'auriez-vous pas l'ambition de votre
nature ? Cette ambition s'est déréglée sans doute ;
mais enfin, dans sa source, elle était le vœu de
Dieu, et si elle n'existait pas, tout le genre
humain périrait (1). »

L'ambition qui dévorait le jeune auteur de
Stanislas avait incontestablement tous les caractères de la légitimité. L'ardeur de la foi, à peine
allumée en lui, voulait tout embraser, tout con-
sumer autour d'elle ; cette âme, pleine de vio-
lence, n'avait pas seulement le goût de l'apostolat,
elle en avait la passion ; généreuse et grande passion dont Lacordaire devait faire loyalement
l'éloge quelques années après dans la chaire de
Notre-Dame (2). Lacordaire, en 1830, trouva
dans la publication de *l'Avenir* une occasion de
satisfaire le besoin irrésistible qui le tourmentait.

L'enseignement catholique avait en France,

(1) *XVIe Conférence*, p. 319.

(2) *XXIIIe Conférence*, 1844. *De la charité d'apostolat
produite dans l'âme par la doctrine catholique.*

depuis environ deux siècles, un caractère essentiellement domestique; il était donné à l'homme, il avait pour objet la vie privée du fidèle; ce régime imposé à l'apostolat chrétien par les monarchies absolues s'était continué sous l'empire. Le prêtre dans la chaire s'adressait à l'individu, à la famille, jamais à la société. La vie sociale, confondue avec la vie politique, était fermée à l'empire de la loi et de la prédication évangélique; Chateaubriand, un des premiers, jeta dans *le Génie du Christianisme* quelques mots sur une vérité alors inaperçue. L'école de M. de Maistre et de M. de Bonald admettait bien l'Église comme modérateur d'une monarchie plus ou moins absolue; mais ces grands esprits, intolérants et exclusifs, ne pouvaient concevoir le rôle du catholicisme dans une société libre et se gouvernant elle-même. Le jeune abbé Lacordaire distinguait confusément ce rôle, dont plus tard il devait tracer les caractères. Au milieu des théories sociales qui s'agitaient de tous côtés, l'intelligence du jeune prêtre sentait l'impuissance d'un enseignement catholique purement individuel et domestique. Il ne lui suffisait pas de croire que la foi catholique faisait des hommes de bien dans la famille, des pères vertueux, des mères fidèles, des époux chrétiens, des fils respectueux; il voulait encore que le catholicisme eût une influence sur la société publique. L'imagination du jeune aumônier brisait le cadre étroit où la jalousie des gouvernements absolus avait enfermé l'apostolat catholique.

L'idée de l'empire que l'Église était appelée à prendre au milieu d'une société démocratique était audacieusement nouvelle en 1830. Elle pouvait à peine se présenter à la pensée d'un écrivain laïque ; elle devait effrayer la conscience d'un jeune prêtre jaloux de rester fidèle à l'Église. Ce ne fut donc pas sans une certaine terreur qu'apparut à l'âme d'Henri Lacordaire l'évidence sociale du catholicisme. Hésitant sur la portée de ses pressentiments, il rencontra M. de Lamennais. Le jeune prêtre à son entrée dans la vie trouvait un prêtre plus âgé que lui ; l'inconnu, un homme déjà célèbre ; l'écrivain à ses débuts, un écrivain déjà consommé ; Lamennais devait saisir Lacordaire en exerçant sur lui le triple prestige de la célébrité, de l'expérience et du génie.

Depuis quinze ans déjà, Lamennais luttait avec une ardeur et une opiniâtreté toutes bretonnes ; il tenait une grande place dans l'apostolat militant de l'Église de France ; pendant longtemps il avait combattu avec un égal acharnement le parti libéral dans la politique et le parti gallican dans l'Église. La déclaration des droits de l'homme de 1789 et la déclaration de 1682 avaient pendant quinze ans été l'objet constant des attaques du prêtre breton, royaliste et ultra-montain également passionné. Extrême dans ses variations, l'abbé de Lamennais venait en 1830 de changer brusquement ; de royaliste, il était devenu démocrate et, par une contradiction bizarre, ce démenti politique n'avait modifié en rien sa pensée religieuse. Ultramontain après 1830 comme avant, il n'était pas devenu gallican en devenant démocrate ; son système politique, très-arrêté mais très-incomplet, mêlait l'empire d'une théocratie toute-puissante à l'empire d'une démocratie effrénée ; le journal *l'Avenir*, dont le premier numéro parut le 15 octobre 1830, devait représenter ces idées.

L'abbé Lacordaire les acceptait-il toutes ? Il est probable, et il l'a reconnu lui-même plus tard, qu'il ne les distinguait pas bien nettement ; ce qui séduisait Lacordaire chez M. de Lamennais, c'était le sentiment très-vif que celui-ci avait du besoin d'un enseignement social de la foi catholique. La prédication catholique avait pendant longtemps montré le peuple comme une masse confuse au fond du tableau. Lamennais s'y prenait différemment ; il mettait au premier plan le peuple ; ce n'était plus d'une chaire qu'il s'adressait à lui, c'était dans un journal. Ce n'était

point chez Lamennais un sentiment démocratique ;
il n'y a pas eu dans ce siècle un esprit moins naturellement démocrate que Lamennais ; il n'aimait de l'idée démocratique que l'élément corrup-
teur de cette idée, la toute-puissance absolue des
masses ; mais, en apparence, *l'Avenir* était un
journal démocratique ; dès 1830, les rédacteurs
de *l'Avenir* demandaient la liberté absolue de
conscience, la liberté absolue de la presse, la
liberté d'association, et, idée alors presque inouïe,
le suffrage universel en matière électorale. Ces
idées étaient servies par une fougue frondeuse et
bruyante ; le gouvernement de juillet abusa des
persécutions tracassières, mais il est juste de
dire qu'il ne les poussa jamais jusqu'à la cruauté.
Les rédacteurs de *l'Avenir* ne s'en déclaraient
pas moins à tout moment prêts à combattre et à
mourir pour arracher au pouvoir la liberté pour
tous.

Ces habitudes de parole frondeuse, ces appa-
rences démocratiques, cette préoccupation des
conséquences sociales et politiques de la religion
catholique, séduisaient au plus haut point le
jeune aumônier ; il ne se prêta pas à l'œuvre
de *l'Avenir*, il se donna tout entier à M. de
Lamennais. A côté de l'écrivain politique, il y
avait chez M. de Lamennais un philosophe innovateur ; cette philosophie, dont on a beaucoup

parlé, devait séduire par plusieurs de ses caractères la pensée de l'abbé Lacordaire. L'abbé de
Lamennais fondait son système sur deux bases,
la négation de la raison individuelle, l'exaltation
de la raison universelle. Le couronnement du
système était l'identité des données de la raison
universelle et des données de la foi catholique. Il
y avait dans ces idées une séduction difficile à
éviter pour un catholique doué comme Lacordaire
d'une âme libérale et indépendante. La première
thèse de M. de Lamennais était la condamnation
de la raison individuelle ; le prêtre philosophe,
reprenant contre l'autorité du procédé rationnel
les vieux arguments du scepticisme, s'efforçait de
démontrer l'illégitimité de ce procédé ; il repoussait le principe cartésien qui place dans l'évidence
le criterium du vrai et la raison de la certitude ;
il prouvait que l'évidence est trompeuse, en faisant voir que toutes les erreurs se propagent en
son nom, que chacun l'invoque en faveur des jugements les plus contradictoires. « Si le *oui* et le
non sont évidents à la fois pour diverses personnes, comment l'évidence serait-elle le caractère distinctif du vrai? Le même homme à diverses époques de la vie change de manière de
voir ; il trouve clair ce qui lui avait paru obscur,
et obscur ce qui lui avait paru clair. Si le *oui* et
le *non* sont évidents tour à tour dans le même

esprit, comment l'évidence serait-elle le caractère distinct du vrai (1) ? » L'abbé de Lamennais épuisait la grande variété et la haute puissance de son talent à ruiner l'autorité de la raison individuelle ; il ne voulait admettre à aucun prix que « la raison de chaque homme pût se suffire à elle-même, qu'elle eût sa règle en soi, qu'elle fût indépendante, souveraine, qu'elle jugeât en dernier ressort de la vérité et de l'erreur, du bien et du mal (2). » Sur ce premier point de l'argumentation, la philosophie de l'abbé de Lamennais était tout à la fois frivole et sérieuse ; frivole par les arguments dont elle faisait usage contre l'autorité de la raison ; frivole par l'exagération sceptique qui la poussait jusqu'à nier complétement cette autorité, elle était sérieuse par la démonstration des faiblesses de la raison humaine ; esprit absolu, l'abbé de Lamennais n'admettait pas que la raison individuelle eût une puissance limitée ; il voulait qu'elle fût toute-puissante ou qu'elle ne fût rien ; le premier parti lui paraissait essentiellement contraire à l'enseignement catholique ; il adoptait le second, oubliant que l'Église condamne avec une pareille sévérité l'excès qui exalte la raison et celui qui la rabaisse. Lacordaire était

(1) Lacordairo, *Considérations sur le système philosophique de Lamennais*, p. 372.

(2) *Ibid.*, p. 373.

séduit par l'orthodoxie apparente et provisoire
de cette thèse de l'abbé de Lamennais; profondément croyant et ramené à la foi par des causes
morales plutôt que rationelles, Lacordaire s'asso-
ciait volontiers à la lutte de M. de Lamennais
contre la raison individuelle.

L'abbé de Lamennais ne détruisait pas l'autorité de la raison individuelle sans rien établir à la
place ; il s'efforçait de démontrer l'infaillibilité
de la raison universelle, du sens commun, d'une
croyance unanimement acceptée par l'universalité
des esprits dans tous les temps et chez tous les
peuples. Le genre humain, dans le système de
M. de Lamennais, devenait le dépositaire et l'o-
racle infaillible de la vérité : le criterium de la
vérité était l'assentiment du genre humain.
L'abbé de Lamennais affirmait que partout et
dans tous les temps les croyances du genre humain avaient été conformes aux enseignements
de la foi catholique ; il en résultait cette satisfaction pour le fidèle catholique d'avoir une conviction philosophique, et pour le philosophe la nécessité d'être d'accord avec l'Église : l'accord
était établi entre la raison et la foi, différentes
par leurs procédés, semblables par leurs résul-
tats. Cette seconde thèse devait séduire pour
deux raisons l'imagination de l'abbé Lacordaire ;
dès qu'il s'agissait de relever, non plus de la

raison personnelle, mais de la raison du genre humain dans tous les temps et dans tous les lieux, l'étude de la philosophie se voyait tout à coup envahie par les études historiques. La démonstration de la vérité cessait d'être une argumentation de raisonnement métaphysique; elle s'étendait et devenait une exposition historique des croyances successives de l'humanité. Lacordaire, peu enclin aux froides et mathématiques opérations de la pensée métaphysique, y échappait avec joie et préférait refaire le Discours sur l'histoire universelle à reprendre le Discours sur la méthode. C'était là un des principaux attraits qu'offrait à la pensée de Lacordaire le système de l'abbé de Lamennais. Il y en avait un autre, et celui-ci s'adressait à un sentiment parfaitement désintéressé. On espérait dans l'école de M. de Lamennais pousser à bout la résistance que l'homme oppose à la lumière de la vérité, et le contraindre de recevoir les croyances chrétiennes, sous peine de renoncer à toute certitude, à toute raison, à l'humanité même, et d'être, par conséquent, convaincu de folie. Si le dessein se fût accompli, il n'y eût eu sur la terre que deux classes d'hommes : des chrétiens et des fous; et comme les passions ne sont pas assez fortes pour se satisfaire toujours au prix de la folie, la liberté, qui existe aussi bien pour l'esprit que pour le

cœur, perdait une moitié de son empire. Les
hommes étaient sauvés de l'erreur par la logique
avec une sorte de nécessité.

L'Avenir suivit pendant quelques mois cette
voie philosophique et politique : les rédacteurs
apportèrent à remplir leur programme une vio-
lence extrême de parole et de pensée ; ils avaient
pris aux habitudes démocratiques ce qu'elles ont
de mauvais : l'esprit de rébellion frondeuse , le
goût de l'opposition tapageuse et tracassière, les
exagérations, les amertumes qu'on a, il y a quelques années, reprochées à un journaliste célèbre,
défenseur obstiné de la cause catholique, avaient
leurs modèles dans la politique fougueuse de
l'Avenir. L'Avenir , comme *l'Univers* , non-seulement dépensait ses colères contre les ennemis
de l'Église, contre les libres penseurs, mais il
n'épargnait pas toujours les catholiques, les mem-
bres du clergé qui n'approuvaient pas le système
de l'abbé de Lamennais. Violents jusqu'à l'outrage contre leurs adversaires, les rédacteurs de
l'Avenir n'étaient pas toujours modérés dans
leurs luttes contre leurs alliés naturels. Ils met-
taient assez volontiers hors l'Église quiconque
n'y pensait pas comme eux. Lacordaire en 1834
rappelait la défiance des évêques contre le mouvement des esprits : « Ils craignaient justement
s'ils fondaient quelque chose dans l'ordre scienti-

fique, que la direction ne passât en d'autres mains
que les leurs, ou que le défaut de coopération
d'hommes de mérite ne ruinât leurs efforts. Ces
considérations les avaient portés, soit directement, soit par instinct, à se borner au rôle de
pasteurs et de gardiens de la foi. » Les rédacteurs de *l'Avenir* en 1830, se croyant soutenus
par Rome, étaient souvent peu respectueux pour
ces évêques *immobiles sur leur siége*. Ils ne ré-
fléchissaient pas que le moyen de forcer les
hommes à marcher n'est pas de les contraindre à
courir.

Ces écrivains prouvèrent bientôt qu'ils n'en-
tendaient pas les conseils d'une prudence aussi
discrète : des bureaux d'un journal ils passèrent
aux bancs des tribunaux correctionnels et de la
cour d'assises.

Ce ne fut pas d'abord la nécessité de défendre
les doctrines politiques de *l'Avenir* qui appela au
palais Lacordaire ; celui-ci avait été nommé, par
arrêté du ministre de l'instruction publique du
4 octobre 1828, aumônier-adjoint du collège
Henri IV, et dans les premiers jours du prin-
temps de 1830, il signait un mémoire dirigé par
les aumôniers des colléges de Paris contre l'Université. Ce mémoire était adressé à l'archevêque,
et devait être remis par lui au ministre de l'instruction publique. Les aumôniers réclamaient

avec une ardente indignation contre les doctrines irréligieuses de l'enseignement privilégié par l'État. L'Université eut connaissance du mémoire ; elle y répondit par une réplique pleine d'amertume. *Le Lycée*, journal de l'instruction publique, publia, le 23 septembre 1830, un article fort bien écrit, mais très-violent ; il avait pour titre : » Conspiration des aumôniers des colléges royaux de Paris contre l'Université. » Ils étaient accusés d'avoir diffamé mensongèrement l'Université auprès de l'archevêque : « Ce mémoire, disait l'auteur de l'article, modèle de délation et d'hypocrisie, se trouvait à l'archevêché lors de la prise de ce palais le 29 juillet. »

Les aumôniers des colléges, gens fort prudents en général, reçurent d'abord le coup sans vouloir le rendre ni s'en défendre ; mais ensuite, excités par M. de Lamennais et suivant l'exemple de Lacordaire, ils assignèrent l'auteur de l'article devant les tribunaux correctionnels. Ils prétendaient avoir été diffamés, et demandaient la suppression de l'article comme outrageux et mensongèrement accusateur. Leur demande fit un certain bruit : la presse en parla ; les aumôniers s'en effrayèrent, et, revenant sur leur première audace, ils désertèrent le débat qu'ils avaient ouvert. Lacordaire seul demeura. L'affaire vint devant les juges de la police correctionnelle ; le

ministère public demanda qu'elle fût renvoyée
devant la cour d'assises. Il se fondait sur ce que
les aumôniers des colléges étaient des fonctionnaires publics. Aux termes de la loi, la diffama-
tion devait être appréciée et jugée par le jury
quand elle s'adressait à des fonctionnaires publics. Lacordaire accepta la juridiction de la cour
d'assises ; il ne devait pas craindre la rencontre
de l'opinion publique, mais il protesta avec une
grande énergie contre la qualité de fonctionnaire
qu'on voulait lui infliger. Non content de s'associer à la plaidoirie de son avocat, Mᵉ Lauras,
Lacordaire toujours désireux et impatient de pro-
fesser ses croyances religieuses et politiques, fit
un discours très-ardent où il en développait les
principes. Mais si les aumôniers n'étaient pas
fonctionnaires de l'État français, ils étaient donc
les fonctionnaires d'un État différent, les ministres d'un souverain étranger ; le reproche était
grave. Lacordaire y répondit par un de ces mouvements de pensée et de parole toujours heureux
chez lui : « Non, disait-il, nous ne sommes pas les
ministres d'un souverain étranger, nous sommes
les ministres de quelqu'un qui n'est étranger
nulle part, c'est-à-dire de Dieu. » Ces paroles,
plus oratoires que parfaitement justes, étaient
couvertes d'applaudissements.

Devant la cour d'appel saisie de la question

2.

de compétence, Lacordaire fit de nouveau un discours apologétique et accusateur ; il protestait
contre l'assimilation que l'on voulait établir entre
le prêtre catholique et un fonctionnaire public.
« La multiplicité de mes prédications, disait-il,
ne constitue pas le caractère public dans le sens
du mot latin, c'est-à-dire le caractère politique ;
autant vaudrait dire que le jeune ramoneur qui
chante au haut d'une cheminée est un homme
public, parce qu'il exerce son état publiquement. »
Une telle plaidoirie eût sauvé Lacordaire, s'il
eût été accusé de n'avoir pas l'esprit vif et plein
de saillies, mais il avait à établir qu'aux termes
de la loi l'aumônier d'un collége n'était pas fonctionnaire public. La cour d'appel ne trouva pas
cette preuve suffisamment établie.

Lacordaire n'en prit pas moins goût à la plaidoirie, et, pour appliquer l'idée qu'il se faisait à
cette époque de la mission du prêtre dans les sociétés modernes, il adressa le 24 septembre 1830
à M. Mauguin, bâtonnier de l'ordre des avocats,
la lettre suivante : elle témoigne bien de la nature
d'esprit qui portait le jeune prêtre à une polémique plus généreuse que prudente.

« Monsieur le bâtonnier,

« Il y a huit ans, je commençai mon stage au barreau de Paris ; je l'interrompis au bout de dix-huit mois

pour me consacrer à des études religieuses qui me permirent plus tard d'entrer dans la hiérarchie catholique, et je suis prêtre aujourd'hui. Les devoirs que ce nom m'impose m'ont d'abord éloigné du barreau. Mais des événements immenses ont changé la position de l'Église dans ce monde; elle a besoin de rompre tous les liens qui l'enchaînent à l'État et d'en contracter avec les peuples. C'est pourquoi, dévoué plus que jamais à son service, à ses lois, à son culte, je crois utile de me rapprocher de mes concitoyens en poursuivant ma carrière dans le barreau. J'ai l'honneur de vous en prévenir, Monsieur le bâtonnier, quoique je ne puisse prévoir aucun obstacle de la part du règlement de l'ordre. S'il en existait, j'userais de toutes les voies légitimes pour les aplanir. »

L'idée était singulière : elle souleva une vive discussion dans le sein du conseil de l'ordre ; on décida à une grande majorité « que le caractère indélébile dont le prêtre est revêtu était incompatible avec l'exercice de la profession d'avocat. » Cette décision, qui contraria le dessein de l'abbé Lacordaire, servit ses intérêts véritables. La place du jeune prêtre était à Notre-Dame, elle n'était pas au barreau. S'il est vrai que Me Berryer le lui ait dit, la parole du grand orateur politique et judiciaire n'a pas trompé la confiance du futur orateur religieux.

Lacordaire fut bientôt ramené au palais et devant la cour d'assises, par la hardiesse de ses

démarches et les violentes polémiques de *l'Avenir*. Le 25 novembre 1830, il avait publié dans
ce journal un article adressé aux évêques de
France : le style en était très-énergique, plus
peut-être qu'il ne convenait. Lacordaire commençait ainsi : « Le gouvernement se déclare ;
il vient d'apprendre aux catholiques le sort qu'il
vous destine ; il vient de tenter votre patience
pour savoir jusqu'à quel point il se permettra
d'être hardi dans l'outrage et dans la destruc-
tion, ne croyez pas qu'il s'arrête ; la religion catholique n'est plus la sienne, et ni la loi ni l'opinion publique ne vous seront un rempart contre
lui. La nomination de vos collègues dans l'épiscopat est désormais dénuée de toute garantie
législative et morale, désormais livrée comme
une proie aux ministères rapides qui vont se suc-
céder et saisir en passant l'occasion d'emporter
votre hiérarchie avec la leur. Vous voilà tombés
dans une position pire que les évêques grecs à la
prise de Constantinople, car enfin il importait à
Mahomet de leur donner des collègues qui fussent
selon leur vœu, et de laisser tomber sur eux, du
haut de la victoire, cette marque de miséricorde
digne d'un musulman qui croyait à son Dieu, et
qui ne se défiait pas de l'ascendant de sa loi. Mais
vos ennemis ne sont pas vos vainqueurs, vos ennemis ne croient pas, vos ennemis ne peuvent

vous persécuter. Que leur reste-t-il? La ruine,
la dévastation progressive de l'épiscopat et de
l'enseignement, l'oppression du clergé français
du second ordre par un clergé supérieur de leur
choix. L'œuvre est commencée et vos yeux peuvent découvrir à travers les années et les événements l'autel du Seigneur tel qu'ils le feront. »

Lacordaire excitait les évêques à se défendre
contre les empiètements du gouvernement; le
conseil était quelque peu menaçant. « Dieu sait
que nous donnerions nos vies pour obtenir d'être
sauvés par vous ! disait Lacordaire aux évêques.
Toutefois nous ne nous abandonnerons pas nous-
mêmes; nous userons de toutes les ressources
que les lois de l'Église nous permettent. —Sans
diminuer les droits suprêmes du siége apostolique, mais pour obéir aux conciles et à notre
conscience, nous protesterons contre ceux qui auraient le courage d'accepter le titre d'évêque de
nos oppresseurs. Nous faisons dès aujourd'hui
cette protestation; nous la confions au souvenir
de tous les Français en qui la foi et la pudeur
n'ont point péri, à nos frères des États-Unis, de
l'Irlande et de la Belgique, à tous ceux qui sont
en travail de la liberté du monde quelque part
qu'ils soient. Nous la porterons pieds nus, s'il
le faut, à la ville des apôtres, aux marches de la
confession de Saint-Pierre, et on verra qui arrê-

tera sur la route le pèlerin de Dieu et de la liberté. »

Cette adresse aux évêques fut suivie le lendemain 26 novembre d'un article de M. de Lamennais ; cet article était intitulé : De l'oppression des catholiques ; le ton en était plus violent encore. L'émotion causée par ces articles fut grande. Le pouvoir ordonna de poursuivre les deux prêtres rédacteurs de l'*Avenir*. Aussitôt, dans les provinces et particulièrement en Bretagne, des souscriptions sont ouvertes pour couvrir les frais du procès *intenté contre les catholiques ;* des circulaires sont répandues qui provoquent de toutes parts la résistance religieuse ; en peu de jours la souscription produit 12,000 fr. Le 31 janvier 1831, le jury est constitué pour juger le délit reproché à MM. de Lamennais et Lacordaire. Une foule immense se presse pour suivre les débats de ce procès. Ils s'ouvrent par l'interrogatoire des prévenus : ceux-ci se reconnaissent auteurs des articles incriminés. Le président ordonne que lecture des deux articles soit donnée au jury ; Lacordaire se lève, il demande la permission de lire lui-même son article ; Lamennais fait la même demande. Lus par eux avec l'émotion qui les dominait, ces articles devaient produire sur l'esprit des juges et du public une grande et favorable impression ; Berville, l'avocat-général, comprend le danger,

mais il n'ose s'opposer à la demande des prévenus. La cour délibère et décide que lecture des
articles sera donnée par le greffier : celui-ci lit les
deux morceaux ; malgré la monotonie du débit,
ils sont écoutés avec une grande attention ; la
sympathie augmente, la lecture continue, elle
s'achève ; un des jurés demande la parole et dit ;
« Au nom de tous les jurés et en mon nom personnel, je désire que la lecture de ces articles soit
faite de nouveau par les auteurs. » La lecture
est de nouveau donnée par Lacordaire et Lamennais ; ils les lisent fièrement, avec une grande
habileté d'intonation ; l'assistance est dominée
par un vif sentiment d'admiration pour le talent
des écrivains et de sympathie pour le caractère
des prévenus.

Berville soutient l'accusation, devenue très-
difficile, avec un talent remarquable. Me Janvier,
jeune avocat du barreau d'Angers, avait été
chargé de la défense de Lamennais ; celui-ci n'é-
tait pas orateur, il redoutait les périls de la parole
publique. Lacordaire s'était chargé lui-même de
son apologie. Il parla assez longtemps et avec
éclat ; il raconta sa vie de jeune homme, l'histoire
de ses relations avec M. de Lamennais, et à propos de celui-ci, il interrompit sa défense par ces
mots : « Laissez tomber ces accents de la piété
filiale dans ce cœur si longtemps navré par l'in-

justice des hommes ; laissez-moi lui dire combien je suis touché de cette légère part que la Providence me donne à sa gloire dans ce court moment; laissez-moi m'écrier avec le poëte :

L'amitié d'un grand homme est un bienfait des dieux ! »

Il termina en disant : « Ce n'est pas pour moi que je vous demande mon acquittement ; il n'y a que deux choses qui donnent du génie, Dieu et un cachot; je ne dois donc pas craindre l'un plus que l'autre; mais je vous demande mon acquittement comme un pas vers l'alliance de Dieu et de la liberté, comme un gage de paix et de réconciliation. Le clergé catholique a fait son devoir, il a crié vers ses concitoyens, il leur a jeté des paroles d'amour, c'est à vous d'y répondre; je vous le demande encore afin que ces despotes subalternes ressuscités de l'empire apprennent, au fond de leurs provinces, qu'il y a aussi une justice en France pour les catholiques, et qu'on ne peut plus les sacrifier à de vieilles préventions, à des haines d'un siècle désormais fini. Voilà donc pourquoi je vous propose d'acquitter Jean-Baptiste-Henri Lacordaire, attendu qu'il n'a point failli, qu'il s'est conduit en bon citoyen, qu'il a défendu son Dieu et sa liberté, et je le ferai toute ma vie. »

Des applaudissements accueillirent cette brûlante et singulière péroraison ; à minuit, les jurés rapportèrent un verdict d'acquittement, et les deux prévenus, sortis de cette bataille, y avaient gagné l'approbation d'une popularité très-sympathique. Cette victoire judiciaire fit grand bien à l'*Avenir*, et alluma chez Lacordaire et chez Lamennais une ardeur singulière de rébellion légale.

On sait que les catholiques ont été depuis le commencement de ce siècle les adversuires acharnés et persévérants de l'Université ; celle-ci a eu pendant longtemps le privilége exclusif de l'enseignement. Ce premier privilége, principe de beaucoup d'autres, lui assurait une action très-puissante sur l'esprit de l'enfance et de la jeunesse ; cette action n'avait point toujours pour objet de développer chez les enfants d'abord, ensuite chez les jeunes gens, la croyance à la doctrine catholique. L'enseignement universitaire était en général inspiré par une philosophie très-indépendante du catholicisme, quand elle ne lui était pas hostile. L'effort des catholiques devait être de détruire le privilége universitaire ; ils voyaient dans ce privilége la cause qui éteignait dans les âmes les croyances religieuses. Lacordaire entendit ces plaintes et ces accusations, et résolut de commencer contre l'Université une lutte décisive : il ne devait en voir l'issue qu'après vingt ans d'efforts.

3

Cette lutte fut engagée avec une heureuse et légitime habileté : les catholiques se proposèrent de demander la liberté de l'enseignement, rien de plus, rien de moins ; en arborant cette bannière, ils se donnaient pour alliés les esprits libéraux ; le parti libéral, s'il la combattait, ne pouvait plus le faire avantageusement ; il était frappé par ses propres armes ; il n'y a aucun doute que l'influence de Lacordaire ne prêtât une grande faveur à un plan de campagne qui répondait si bien à la nature de son esprit. Une association fut fondée pour la défense de la liberté religieuse ; et un certain nombre de jeunes hommes, divisés par les opinions particulières de la politique, unis par certains instincts de libéralisme et par des convictions religieuses très-ardentes, résolurent de conquérir pour leur pays l'usage d'une liberté précieuse, mais refusée obstinément : desseins nobles et généreux qui devaient illustrer tout un parti.

En 1831, il s'agissait d'engager la lutte ; on imagina un stratagème qui accusait chez les adversaires de l'Université une certaine inexpérience de la vie politique ; la charte de 1830 renfermait, comme toutes les chartes, une foule de promesses. Le gouvernement de juillet ne se pressait pas de réaliser la promesse d'un enseignement libre, faite à mots couverts dans les articles 7 et 10. Les catholiques imaginèrent d'in-

terpréter la charte dans le sens de leurs espérances et de leurs réclamations. Ils déclarèrent
que, d'après leurs convictions, la charte accor-
dait la liberté de l'enseignement, qu'elle portait
implicite, mais certaine, l'abrogation du privilége
universitaire, et que, par conséquent, tout le
monde pouvait, sans autorisation préalable de
l'Université, tenir une école et y répandre l'enseignement ; on engageait la lutte par une discussion de droit ; le barreau prêta son concours par
des consultations et des adhésions nombreuses ;
il fallait saisir l'opinion et la justice de la question.

MM. de Coux, Montalembert et l'abbé Lacordaire s'offrirent à fonder, sans autorisation universitaire, une école libre; ils seraient très-proba-
blement empêchés par le gouvernement, mais
ils résisteraient, et cette résistance légale gagne-
rait à leur cause la sympathie qui s'attache toujours en France à l'opposition, de quelque part
qu'elle vienne. D'ailleurs, l'ouverture d'une école
libre, la fermeture de cette école par le gouvernement, un procès, des plaidoiries, tout ferait du
bruit autour de l'opinion nouvelle, et la célébrité
est, dans notre pays, une des parties du succès
et comme une des conditions du triomphe. On
loua rue des Beaux-Arts, n° 3, une boutique; on
y plaça quelques bancs et des chaises, et on an-
nonça l'ouverture d'une école. M. de Montalem-

bert devait enseigner l'histoire sainte et la grammaire française ; M. Lacordaire et M. de Coux prenaient pour eux les autres parties de l'enseignement.

Le 9 mai 1831, à neuf heures du matin, l'école libre de MM. de Montalembert et Lacordaire s'ouvrit pour quelques écoliers ramassés parmi les enfants des familles pauvres du quartier, mais au milieu d'un certain concours d'hommes de lettres et d'hommes politiques appartenant à l'opinion libérale. Pour déclarer l'école ouverte, Lacordaire prononça un discours fort ardent contre le despotisme universitaire ; il invitait les enfants à suivre l'école pour y protester en faveur de la liberté d'enseignement ; les écoliers ne devaient guère prendre intérêt au triomphe de cette liberté. La classe du matin se termina sans que la police fût venue en troubler le cours ; mais, au milieu de la classe du soir, à trois heures, le commissaire de police se présenta. Il somma MM. de Montalembert, de Coux et Lacordaire de fermer leur école. Ceux-ci protestèrent. Pendant qu'ils rédigeaient leur protestation, le commissaire de police procédait à la reconnaissance des lieux et comptait les écoliers. Il s'en trouva onze : c'en était assez pour représenter un principe. La protestation achevée, M. de Montalembert, se tournant vers les écoliers, leur indiqua l'ordre des leçons pour le lendemain; c'était un défi fort en règle. Quand M. de Montalembert eut terminé les indications, le commissaire de police, prenant la parole, déclara au nom de la loi l'école fermée et avertit les enfants qu'ils eussent à ne pas s'y présenter jusqu'à décision de justice. M. de Montalembert ne paraissait pas entendre ce que disait le commissaire de police; il reprit : « Mes enfants, l'heure de notre séparation accoutumée étant arrivée, nous allons prier et nous retirer. » La prière fut faite, les enfants se relevèrent, le commissaire de police leur répéta qu'au nom de la loi il déclarait l'école fermée, et, de son côté, Lacordaire, prenant part au conflit : « Mes enfants, vous êtes ici par l'ordre de vos parents, nous les représentons, nous sommes vos pères et vos mères; vous êtes dans nos bras comme dans les leurs; nulle puissance que celle de la justice ne peut nous séparer ; vous serez ici demain à huit heures. » On conçoit facilement que le soir dans tout Paris, mais particulièrement dans le faubourg Saint-Germain, siége naturel des opinions catholiques, on parla de la scène qui s'était jouée le matin rue des Beaux-Arts.

Le lendemain, l'école s'ouvrit à huit heures du matin, et cette première classe, comme la veille, ne fut troublée par personne. A la classe du soir, le commissaire de police se présenta : il était muni d'un titre qui la veille lui avait manqué. Une ordonnance de M. Poultier, juge d'instruction, commandait de fermer l'école, en employant s'il était nécessaire, la force armée. Le commissaire de police donna lecture de cette ordonnance aux instituteurs et à leurs élèves. MM. de Coux, Montalembert et Lacordaire furent unanimes pour déclarer qu'ils ne céderaient que devant l'emploi de la force. Le commissaire de police renouvela trois fois aux enfants la sommation de se retirer. A chaque sommation, Lacordaire répondait en sommant les enfants, au nom de l'autorité paternelle, de rester. Les écoliers, immobiles sur leurs bancs, répondaient à chaque injonction nouvelle du commissaire et à chaque conseil de Lacordaire par les cris : *Nous resterons*. On n'avait jamais vu d'écoliers si obstinés pour demeurer à l'école. Des sergents de ville en uniforme et en armes furent appelés, et ils expulsèrent les enfants. Restaient les professeurs. Lacordaire, sommé de sortir, répondit que l'école était son domicile et qu'il entendait y passer la nuit, à moins qu'il n'en fût chassé par la force. Le commissaire de police donna l'ordre de ne laisser monter dans l'appartement aucun meuble; un lit fut apporté, les agents empêchèrent qu'il ne fût introduit. Cependant l'heure avançait, le commissaire de police somma MM. de Coux, Montalembert et La-

cordaire de se retirer. Lacordaire répondit, en
s'adressant à ses amis : « Messieurs, je suis ici
chez moi, je vous remercie d'avoir bien voulu m'y
prêter le secours de votre présence, de m'avoir
aidé à défendre vos droits et les miens, tous vio-
lés dans ma personne ; maintenant que ce devoir
d'amitié est rempli, je vous prie de céder à la
sommation qui vient de vous être faite, et de me
laisser seul avec la loi et mon droit. » Tout le
monde se retira. Le commissaire de police somma
Lacordaire d'abandonner l'appartement. Lacordaire répondit de nouveau que c'était là son domicile, qu'il avait loué cet appartement, qu'il
avait l'intention d'y passer la nuit, et que la force
seule pourrait l'en faire sortir. Sur l'ordre du
commissaire de police, un sergent de ville s'ap-
procha, toucha au bras Lacordaire ; celui-ci se
retira.

Le 3 juin suivant, Lacordaire, Montalembert
et de Coux paraissaient en police correctionnelle.
Ils avaient à y répondre de la résistance qu'ils
avaient opposée aux injonctions qui leur étaient
adressées de fermer l'école. Ils avaient pour
avocats Mᶜˢ Lafargue et Fremery. Ils déclinèrent
la compétence de la police correctionnelle et re-
vendiquèrent celle du jury. Lacordaire ne perdit
aucune occasion de déployer les richesses de son
élocution facile et déjà éloquente : il fit devant

les juges un plaidoyer qui était une véritable
profession de foi ; il y était dit que : « Les catholiques étaient descendus tard sur la place publique, mais qu'ils ne la quitteraient plus, et
qu'ils espéraient, à force de persévérance et d'ho-
norables travaux, réparer le temps où la nation
peut-être les avait vainement cherchés parmi les
hommes d'action. Les catholiques ne voulaient
plus se taire sur rien, ils voulaient parler haut et
fièrement, parce que c'est ainsi que parlait la
liberté. » Malgré les conclusions de l'avocat du
roi, M. Didelot, le tribunal correctionnel se déclara incompétent, et cette décision fut saluée
par de nombreux applaudissements. Il jugeait
que le délit reproché aux prévenus était un délit
politique dont le jury seul devait connaître.

Ce jugement, déféré à la cour impériale, fut
cassé par elle ; et les prévenus, qu'entouraient la
sympathie ardente des catholiques et la curiosité
publique, durent se présenter le 28 juin devant
la chambre des appels de police correctionnelle.
Le 22 juin, dans la nuit, M. de Montalembert le
père mourut. Cette mort appela le jeune Montalembert à la pairie, et les pairs de France, échap-
pant à la juridiction de droit commun, jouissaient
du privilége d'être jugés par la chambre des pairs
constituée en cour de justice. M. de Montalembert réclama le privilége dont il venait d'être in-

vesti, et MM. Lacordaire et de Coux ses complices furent, à raison de la connexité des délits, traduits avec lui devant la chambre héréditaire.

Les prévenus ne se présentaient pas devant la Chambre des pairs comme des suppliants, contrits et demandant grâce ; ils y portèrent leurs idées indépendantes et fières ; ils y furent condamnés à une peine, il est vrai, fort légère. Ils comptaient bien que leur procès, perdu au palais du Luxembourg, était gagné devant l'opinion publique ; il ne l'était pas encore, et il fallait plus de vingt ans pour que la lutte engagée se terminât par la victoire encore incomplète de la liberté. Ce premier épisode montra l'importance de la bataille, les principales ressources des deux partis, et le talent plein de fougue et de juvénile ardeur des défenseurs de la cause catholique et libérale. Lacordaire ne se mêla plus officiellement aux luttes soutenues dans l'intérêt de la liberté d'enseignement, mais il fut l'âme des réunions où ce grand intérêt était débattu, des résolutions qui se formaient pour le servir.

Ce n'était pas le gouvernement de juillet qui devait porter à *l'Avenir* le coup sous lequel ce journal succomba. Dès les premiers numéros, il s'était produit dans le clergé de France des répugnances très-prononcées contre les idées de MM. de Lamennais et Lacordaire. Ces répugnances

3.

soulevèrent à Rome l'autorité de certains esprits, et Grégoire XVI laissa soupçonner que les tentatives bruyantes des jeunes catholiques de France n'étaient pas consacrées par son approbation. Le nonce du pape à Paris était alors Mgr Lambruschini. L'abbé Lacordaire et l'abbé Gerbet, délégués par leurs collaborateurs, allèrent à la nonciature, et dans une longue entrevue ils exposèrent leurs doctrines à Mgr Lambruschini. Le nonce conseilla beaucoup de prudence à des hommes chez qui cette qualité était très-compromise par l'impatience des ambitions généreuses. Ces conseils les gênaient. Après les luttes soutenues contre le gouvernement devant la cour d'assises et devant la chambre des pairs, MM. de Lamennais, Lacordaire et de Montalembert résolurent de suspendre la publication de *l'Avenir* et de se rendre à Rome pour demander au Souverain-Pontife une décision. Ils espéraient bien que celle-ci leur serait favorable, et ils voulaient revenir en France munis d'une approbation du Saint-Siége : ils n'avaient pas d'autre moyen d'échapper aux critiques du clergé de France effrayé de leurs jeunes réformes. Ils arrivèrent à Rome le 31 décembre 1831.

Grégoire XVI, âme élevée et esprit conciliant, voulait sauver l'abbé de Lamennais d'une chute dont il était facile de deviner la profondeur. Le

Saint-Père ne voulait ni encourager les impru-
dences des rédacteurs de *l'Avenir*, ni décourager
leurs généreuses tentatives ; il ne voulait ni les
approuver ni les condamner. Quelque ardents que
fussent MM. de Montalembert et Lacordaire,
s'ils eussent conduit seuls les négociations, la
victoire leur fût demeurée. Ils auraient obtenu
du Saint-Siége, sinon une faveur et un aveu écla-
tants, du moins une tolérance bienveillante et la
bénédiction de leurs desseins. A peine à Rome,
Lamennais voulut tout conduire ; il perdit tout :
esprit altier, orgueilleux, et d'une opiniâtreté
toute bretonne, il força par son obstination le
Saint-Siége à l'inflexibilité ; l'encyclique du
15 août 1832 fut arrachée à Grégoire XVI par
l'homme même qu'elle condamnait. Lamennais
ne manqua pas d'habileté ; il manqua de douceur,
de prudence et de patiente abnégation. Avec ces
qualités, qui sont des vertus, Lamennais aurait
remporté de Rome, sinon le droit de condamner
tout le monde, du moins celui de n'être en France
mis hors de l'Église par personne. Il put le voir
plus tard : sous le pontificat de Grégoire XVI
lui-même, durant les longs combats de l'épiscopat français, de MM. de Montalembert et Lacordaire pour la liberté d'enseignement, beaucoup d'évêques reprirent les principes généraux de *l'Avenir*, tempérés par l'expérience et

par une intelligence plus nette des questions (1).

Revenu à Paris en 1833, Lacordaire occupa au collége Stanislas la place d'aumônier (2) ; ce fut à cette époque de sa vie qu'il commença une amitié qui devait y tenir une grande place ; madame Swetchine en fut l'objet.

Née en Russie, en 1782, dans une des plus anciennes familles de la société moscovite, la famille Soymonof, mariée de bonne heure au général Swetchine, élevée au milieu des habitudes élégantes de la société russe, formée pendant la révolution française aux idées et aux mœurs françaises par le commerce des émigrés, liée avec le comte de Maistre, à Saint-Pétersbourg, madame Swetchine avait quitté la Russie en 1816, et était venue fonder à Paris un des salons les plus délicatement composés où se soient réunis pendant la restauration les esprits éminents du parti catholique : la duchesse de Duras, M. Cuvier et sa famille, M. de Gérando, Abel Rémusat, le vicomte de Bonald, le comte de Vivonne, le baron d'Eckstein, la marquise de Pastoret, la duchesse de La Rochefoucauld, la duchessé de Damas, la duchesse de Maillé, la marquise de Lillers, la comtesse de Saint-Aulaire, un peu

---

(1) M. de Falloux, *Madame Swetchine*, p. 351.

(2 *Voir* la lettre adressée à l'auteur au commencement de cette notice.

plus tard M. de Falloux, avaient doucement pris
l'habitude de venir, à certains soirs de la semaine, goûter, rue Saint-Dominique, n° 71, chez
madame Swetchine, les charmes délicats d'une
conversation élevée sur des sujets graves. La
maîtresse de maison, douce, aimable, spirituelle,
d'une âme noble, d'une intelligence ornée et ouverte aux idées généreuses, exerçait sur ceux qui
l'entouraient l'irrésistible empire d'une supériorité
aimable. Madame Swetchine mêlait le goût sérieux des arts et de la littérature aux préoccupations élégantes d'une femme du monde. Les idées
politiques qui dominaient les conversations de ce
salon étaient toutes profondément monarchiques.

Peu de temps après le procès de *l'Avenir*,
M. de Montalembert avait présenté l'abbé Lacordaire à madame Swetchine. Celle-ci avait tout
d'abord accueilli le jeune prêtre avec une bien-
veillance touchante et presque maternelle. Lacordaire s'était laissé gagner à l'influence d'une
si gracieuse tutelle; elle l'avait préservé, dans
les luttes qui suivirent la suppression de *l'Avenir*, des dangers de l'indépendance. Il est difficile à trente ans d'accepter sans murmure la
défaite de ses espérances. L'âme, pleine des
illusions de la jeunesse, ne peut les voir s'écarter
sans regret, mais ces regrets sont plus amers
quand le coup qui les emporte est subit et im-

prévu. Fénelon avait près de cinquante ans quand il accepta la décision pontificale qui condamnait les *Maximes des saints*. Lacordaire, ardent et passionné, plein de ses idées, n'avait pas trente ans quand une décision plus dure encore vint lui faire au cœur une de ces blessures qui le déchirent. Il dut frémir sous le coup. Nul doute que la pensée de la rébellion ne vint tenter sa conscience : terrible épreuve à laquelle, près de Lacordaire, succombait le confident de ses angoisses et le conseiller jusque-là constamment suivi de sa pensée. Dieu, pour garder Lacordaire, mit près de lui l'influence heureuse de madame Swetchine. Les femmes ont un art merveilleux pour désarmer la sourde colère de l'ambition et des amours-propres blessés; leur parole a des accents magiques pour couvrir les échos tumultueux de l'orgueil insoumis; leur main est habile à calmer les douloureuses agitations de l'âme impatiente du joug. Tout le secret de ces soins délicats était familier à madame Swetchine. Elle en usa pour retenir dans l'obéissance l'âme tentée et troublée de Lacordaire. Il lui dut l'honneur de ne pas suivre Lamennais dans les voies malheureuses où s'engageait celui-ci. Plus jeune, madame Swetchine n'aurait pu avoir sur Lacordaire une action aussi grande; elle eût été suspecte à celle qui l'eût exercée comme à celui qui l'eût subie. Moins

gracieuse et moins ornée des séductions innocentes de sa nature, madame Swetchine eût effrayé peut-être l'âme du jeune homme : il fallait
pour saùver celui-ci ce rare mélange de grâce aimable et de douce sévérité, d'abandon intime et
de réserve austère, de supériorité réelle et de
faiblesse apparente qui était la nature de madame
Swetchine.

Madame Swetchine connaissait l'archevêque
de Paris ; quand Lacordaire, blessé par la condamnation de l'*Avenir*, fut revenu de Rome, elle
servit d'intermédiaire officieuse et habile entre le
prélat craintif et prudent et le jeune prêtre impétueux. Elle demandait à celui-là une indulgence
qui rendît facile l'obéissance , à celui-ci une docilité qui lui gagnât la liberté et lui valût l'indulgence ; elle obtint tout de l'un comme de l'autre.
Lacordaire lui écrivait en 1833, peu de temps
après la dispersion des rédacteurs de l'*Avenir :*
« Voilà une portion de ma carrière achevée ;
j'entre dans une situation nouvelle, où sans doute
les agitations extérieures et les chances de toute
nature ne me manqueront pas, puisque c'est notre
sort ; mais j'ai gagné à ceci une connaissance de
mes devoirs plus étendue, et une paix qui ne
pourra plus se perdre parce qu'elle est celle de
Dieu. Vous m'êtes apparue entre deux portions
si différentes de ma vie, comme apparaît l'ange

du Seigneur à une âme qui flotte entre la vie et la mort, entre le ciel et la terre. Puis, une fois dans le ciel, on ne se quitte plus. »

On ne se quitta plus. Lacordaire fut l'hôte familier du salon de madame Swetchine ; quand on ne put se voir, on s'écrivit, et pendant vingt-cinq ans se continua, entre l'âme du prêtre et celle de la sainte femme, un commerce d'amitié que la mort elle-même n'a pu rompre. Cette amitié défendait d'abord Lacordaire contre l'exaltation : c'est le premier péril des grandes âmes blessées ; le second est le péril des défaillances ; trahi dans ses affections et dans ses espoirs, le cœur se referme ; l'imagination, comme un oiseau blessé, se traîne péniblement à terre ; la volonté n'a plus d'énergie ; le doute gagne peu à peu la raison, et l'intelligence se voile sous les ombres mauvaises d'une douloureuse incertitude. Les âmes les plus fortes sont les plus faibles dans ces crises terribles : elles ne les traversent jamais sans y recevoir des blessures dont la trace profonde est ineffaçable. Madame Swetchine soutint l'âme de Lacordaire dans ces difficiles épreuves. « Elle était merveilleuse à découvrir le point où l'on penchait et où il fallait porter secours (1). » Lacordaire, après vingt-cinq ans, racontait avec une

(1) Lacordaire, *Oraison funèbre de madame Swetchine.*

émotion que le temps n'avait pas affaiblie, qu'un jour, comme madame Swetchine avait cru remarquer chez lui un doute et une lassitude, elle lui dit, avec un accent singulier, ce simple mot : « Prenez garde. » Ce trait, échappé aux souvenirs confidentiels de Lacordaire par l'émotion indiscrète des regrets, témoigne de l'influence très-grande qu'avait prise sur lui madame Swetchine. C'est le propre des personnes qui exercent sur nous cet empire tout-puissant, elles n'ont besoin pour en user que d'un mot, et ce mot est magique. Le « Prenez garde » de madame Swetchine suffisait pour arrêter Lacordaire sur des pentes où l'entraînaient les ardeurs de sa nature, pour le contraindre à des soumissions et à une prudence qui contrariaient tous les instincts de son caractère, douce et forte prédominance qui n'appartient qu'à une âme d'élite, et qui n'est acceptée que par une autre âme également supérieure.

IV

Violemment séparé de M. de Lamennais, l'abbé Lacordaire fut forcé de chercher seul la voie qu'il voulait suivre. Les recherches durèrent peu ; il trouva bientôt dans sa pensée un programme philosophique, religieux et politique, qui, légèrement modifié par la suite des événements, devait dominer toute sa vie. Le travail qui arrêta, vers 1834, les bases de ce programme fut peu scientifique : Lacordaire n'est point un méditatif, la métaphysique ne convient pas à la nature de son esprit ; il a pris le peu qu'il en possède aux grands docteurs catholiques ; naturellement la pensée de Lacordaire se plaît aux idées facilement intelligibles ; il a l'esprit oratoire ; il n'accueillerait pas une pensée que son éloquence ne pourrait pas développer. La rigueur froide des spéculations scientifiques le rebute ; ce ne fut pas par une suite de réflexions logiques et de raisonnements abstraits qu'il créa sa doctrine : celle-ci fut chez lui, avant tout, œuvre de sentiment ; il se forma dans sa pensée une conception grande et magnifique du catholicisme ; son imagination l'orna des plus brillantes couleurs, puis il s'éleva dans l'homme tout entier un enthousiasme aveugle et ardent. Lacordaire affirma les données de son imagination, il pensa ses sentiments ; cette méthode, qui peut quelquefois être excellente, est souvent très-dangereuse ; logiquement, le travail de la pensée doit précéder l'émotion du cœur ; ce n'est jamais à la sensibilité de diriger l'homme, parce que la sensibilité elle-même a besoin d'un guide dans le travail plus ou moins long qui a la vérité pour objet ; le rôle du sentiment ne com-

mence qu'à la dernière heure. Il en est ainsi, qu'il
s'agisse d'une recherche purement rationaliste,
n'usant que de forces rationnelles pour arriver au
vrai, ou qu'il s'agisse d'une recherche religieuse
faisant appel aux données de la révélation surnaturelle. La passion ne doit pas troubler par son
souffle impétueux les délicates opérations qui
servent à dégager la vérité des données plus ou
moins confuses où elle est enfermée. Cette première phase du travail intellectuel doit être pleine
de repos, de calme, de silence. La recherche doit
être froide, attentive, tout entière à elle-même.
La vérité est-elle découverte, alors commence,
avec la possession de l'idée vraie, l'amour légitime de celle-ci ; alors l'émotion, si ardente qu'elle
soit, n'a plus de danger ; elle s'adresse, non plus
à des conceptions chimériques, illusions à peine
aperçues, mais à des réalités distinctes. Tant que
l'esprit cherche, il doit se défier des tromperies
du cœur ; quand il a trouvé, la défiance n'est plus
nécessaire, et si elle durait encore, elle ôterait à
la possession du vrai le charme qui récompense
l'effort de la recherche. Cette mauvaise méthode
fût-elle bonne pour l'abbé Lacordaire ? Il faut, pour
le savoir, connaître ce qu'elle a produit, le programme même dont l'aumônier de Stanislas venait d'arrêter les principes, quand il monta en
1835 dans la chaire de Notre-Dame.

Une idée dominait toutes les autres dans la pensée du jeune prêtre: il voyait que depuis 1789 la religion catholique n'était plus, en France, liée aux destinées politiques et officielles de l'État; il comprenait qu'il n'en devait pas être ainsi; mais que fallait-il demander pour l'Église? Il ne manquait pas autour de Lacordaire d'esprits fanatiques qui voulaient l'abdication de l'État entre mains de l'Église. La pensée religieuse, dominant la pensée politique, l'autorité catholique, supérieure à l'autorité civile et souveraine de celle-ci, l'effort libéral de 1789 brisé brusquement, l'avénement d'une puissance théocratique, limitée moins par ses principes que par la force des résistances qu'elle rencontrerait, tel était le rêve de beaucoup d'esprits parmi les catholiques. Les prétentions que ce rêve entretenait ne s'avouaient pas toujours au grand jour, mais elles vivaient très-ardentes, bien que couvertes et dissimulées; il semblait à quelques-uns qu'elles venaient d'être justifiées par la condamnation de *l'Avenir*. Lacordaire ne partageait ni ces prétentions, ni les illusions qui de temps en temps venaient les flatter; esprit indépendant, il se refusait instinctivement aux promesses d'une théocratie, quelque magnifiques qu'elles pussent être; il voulait cependant un empire pour l'Église: cet empire il le demandait à la supériorité de la doctrine, à l'ascendant d'une inépuisable charité, aux efforts légitimes d'un apostolat pacifique; les sociétés devaient suivre, indépendantes et libres, leurs destinées humaines en dehors de la tutelle de l'Église, mais sous l'influence de celle-ci. Le catholicisme devait agir sur les nations comme sur les individus sans autre contrainte que celle de l'intelligence supérieure commandant par la persuasion les démarches de l'intelligence moins élevée. Cette influence, Lacordaire ne pensait pas qu'il fallût la conquérir, il la trouvait établie par l'histoire, il la rencontrait manifestée dans toute la suite des événements sociaux que, depuis 1,800 ans, avait traversés l'humanité; il la sentait vivante et présente dans les institutions des temps modernes tout aussi bien que dans celles du moyen âge; il voulait seulement que cette influence ne fût pas abdiquée par ceux qui l'exerçaient; il voulait qu'elle fût acceptée et reconnue par ceux qui la subissaient; il s'agissait, en démontrant la portée bienfaisante de cette grande influence, d'encourager l'Église qui en était revêtue à n'en pas oublier l'exercice. Il s'agissait en même temps de convertir les esprits hostiles à l'Église en leur montrant que la nécessité qui force les hommes à se réunir à une société, force également les sociétés à se réunir sous la direction supérieure du catholicisme.

Ce programme avait, aux yeux de Lacordaire, d'incontestables avantages. Il ne blessait aucune des opinions généralement reçues de la génération à laquelle il s'adressait. Lacordaire savait parfaitement en 1835 qu'il était impossible, dans notre siècle, à une doctrine sociale de conquérir une popularité un peu générale si elle allait directement contre les idées consacrées par la révolution de 1789. Il fallait, pour qu'un enseignement catholique pût gagner les esprits, qu'il fût essentiellement libéral, et jusqu'à un certain point démocratique ; sans le concours du libéralisme, il était impossible de répandre dans l'esprit de la société française aucune idée qui pût réussir auprès d'elle. Le programme religieux de Lacordaire n'avait rien de contraire aux passions libérales ; il les servait même dans une certaine mesure, et se dégageait brusquement de la tradition du clergé, victime toujours un peu rancunière de la révolution. Lacordaire acceptait franchement celle-ci, sinon dans toutes ses conséquences, du moins dans la plupart de ses principes.

Le programme de Lacordaire flattait, par un autre côté, les goûts de l'opinion publique. On se rappelle avec quelle ardeur se produisaient, en 1830, les systèmes économiques, religieux et politiques. Des écoles nouvelles s'ouvraient de toutes parts pour enseigner la régénération de la société. L'esprit public, tourmenté et agité, était travaillé d'un mal singulier : besoin inquiet de trouver un remède pour les maladies sociales dont ce besoin même était un symptôme. La pensée de Lacordaire était pleine de sympathie pour ces douleurs étranges de l'opinion générale. Elle acceptait la vérité des plaintes qui s'élevaient de toutes parts ; elle admettait l'idée d'un remède nécessaire ; elle ne repoussait avec intolérance aucun des systèmes qui se présentaient à l'examen, mais elle les convainquait facilement d'impuissance, et proposait elle-même le système catholique comme assurant la régénération sociale, sans compromettre les puissances jalouses et sans soulever de légitimes oppositions. Lacordaire offrait le catholicisme comme le meilleur régime d'institution économique, sociale et politique qui pût se développer pour le plus grand bien de la société.

Lacordaire déclarait hautement la nécessité de mêler l'enseignement catholique à la préoccupation de la vie publique des sociétés modernes. Parlant de l'habileté avec laquelle le xviiie siècle avait séparé la raison humaine de la raison catholique : « Quel était, disait-il, le but de cette tactique ? Frédéric II, roi de Prusse, le confiait un jour à ses amis avec un rare bonheur d'expression : « Pour en finir avec l'Église catholique,

« savez-vous ce qu'il faut en faire ? Il faut en
« faire un hibou..... vous savez, Messieurs, cet
« oiseau solitaire et triste qui se tient dans un
« coin avec un air rechigné. » Voilà le secret :
nous isoler de tout, de la politique, de la morale,
du sentiment, de la science ; nous suspendre entre
le ciel et la terre sans aucune espèce de point d'appui, pour nous dire, un genou en terre, « Vous
avez Dieu, qu'avez-vous besoin du reste ? » Nous
n'acceptons pas cette situation. » Et exposant
lui-même les moyens d'action qu'il prétend avoir
sur l'âme de ses auditeurs : « Je n'ai pas, disait-
il, de garde prétorienne pour vous imposer la vérité par contrainte ; il faut que je vous persuade,
et comment vous persuader si je ne m'adresse
pas à quelque chose qui est en vous, qui conspire
contre vous-mêmes ; si mes moyens d'attaque ne
vont pas dans votre intelligence ; si mes préto-
riens ne sont pas dans votre propre âme et ne
vous trahissent pas, que fais-je? que dois-je faire?
qu'ai-je fait? Comme Thémistocle, je suis venu
m'asseoir à votre propre foyer le plus intime, me
mêler à vos impressions, à vos espérances, à
votre amour, à vos haines, à vos désirs, à tout
ce que vous êtes. »

Le programme nouveau avait l'avantage d'être
à la fois profane et sacré, théologique et philosophique, affirmatif, et tolérant pour la contradic-

tion. L'enseignement que l'abbé Lacordaire se proposait de donner alors à tous les esprits contemporains était appuyé sur les principes les plus absolus du catholicisme. Cette condition lui assurait une certaine fixité qui devait lui donner une autorité et un caractère particuliers. En même temps, il était plein de considérations historiques, politiques, littéraires, philosophiques, sur lesquelles l'indépendance la plus entière était laissée à la critique et à la contradiction. Celles-ci pouvaient frapper le programme de Lacordaire, en détacher certains fragments, en détruire certaines parties, sans nuire à l'ensemble. Le libre examen trouvait, pour la première fois, un champ parfaitement ouvert à ses critiques, et ce champ était préparé pour ses attaques par l'orthodoxie elle-même ; de telle sorte que Lacordaire pouvait, dans une certaine mesure, provoquer à la contradiction de ses idées, sans provoquer à l'hérésie.

Avant de tenter la réalisation du programme adopté par lui, Lacordaire voulut donner un gage de soumission et d'orthodoxie. Il n'avait pas impunément traversé l'amitié et les erreurs de Lamennais ; il était nécessairement suspect d'avoir conservé pour l'homme dont il avait si ardemment embrassé la cause et servi les idées, un attachement que les circonstances rendaient coupable. Il était du devoir de sa conscience de répudier ou-

vertement les idées de Lamennais. Lacordaire le
fit avec courage dans un petit ouvrage intitulé :
*Considérations sur le système philosophique de
M. de Lamennais.* On y remarque une grande
clarté et une grande chaleur dans l'exposition et
dans la réfutation du système condamné par l'É-
glise, des idées ingénieuses et élevées sur les rapports de la religion et de la philosophie ; mais ni
par le style, ni par la forme des idées, ni par le
développement des principes, cet ouvrage ne té-
moignait d'un sens philosophique bien profond.
Lacordaire n'était pas un philosophe, il le mon-
trait une fois de plus : il devait se résoudre à
n'être qu'un orateur. Le programme adopté par
lui devait lui fournir de longues, de nombreuses et
d'illustres occasions de témoigner que la Providence l'avait doué d'un véritable génie oratoire.

Ce programme arrêté, l'abbé Lacordaire s'efforça de le remplir. Il commença dans la petite
chapelle du collége Stanislas des conférences qui
eurent bientôt un grand retentissement. Leur
écho arriva rapidement à l'archevêché ; tous les
catholiques étaient enchantés de cette parole fraî-
che, jeune, pleine de chaleur et d'images, d'idées
généreuses et de passions élevées, qui tombait
abondante et variée des lèvres du jeune aumônier.
Une foule immense se pressait dans la petite chapelle du collége, et les conférences, avidement

écoutées et recueillies, étaient commentées par une admiration très-décidée. Une pétition, signée d'un grand nombre d'étudiants, fut adressée à Mgr de Quélen ; elle demandait pour l'éloquence du jeune et nouvel orateur chrétien la chaire de Notre-Dame.

On pensait assez généralement que Lacordaire allait être appelé à prêcher à Notre-Dame ; mais Mgr de Quélen hésitait devant des dangers inconnus, incertains et d'autant plus menaçants ; « il ne pouvait plus laisser Lacordaire prêcher dans une chapelle devenue trop étroite, il considérait comme une imprudence de lui ouvrir une carrière plus vaste (1). » C'était dans l'automne de 1834, Lacordaire se promenait souvent dans les longues et solitaires allées du jardin du Luxembourg, voisin du collége Stanislas, inquiet de son avenir, agité par les souvenirs d'un passé encore récent, plein d'une ardeur qui le poussait à l'action et d'une docilité qui le retenait dans le calme de l'obéissance. Un jour, un ecclésiastique dont la personne était inconnue de lui, mais dont le nom n'était pas complétement obscur, aborda le promeneur. Il causa avec lui quelques instants, puis lui dit brusquement : « Pourquoi demeurez-

(1) *Madame Swetchine, sa vie et ses œuvres*, par M. de Falloux.

vous ainsi dans l'obscurité ? Allez donc voir
Mgr de Quélen. » Lacordaire répondit par un
sourire ; l'interlocuteur s'éloigna, et le jeune orateur continua sa promenade, profondément ému
par ce conseil imprévu et en quelque sorte ano-
nyme. Au bout de quelque temps de promenade,
il se dirigea vers le couvent de Saint-Michel.
Chassé de l'archevêché, Mgr de Quélen habitait
depuis quelques mois ce couvent retiré ; il y oc-
cupait une petite chambre, et l'accès près de lui
était facile à tous. Lacordaire, annoncé, entra. Il
se rappela sans doute la visite que huit ans aupa-
ravant il avait faite au même archevêque avant
son admission au séminaire. Il trouva Mgr de
Quélen occupé à lire ; un abbé Liautard, curé de
Fontainebleau, avait rédigé un mémoire qui
adressait des reproches sévères à l'administration
épiscopale. Ce mémoire s'était répandu dans le
diocèse de Paris. Mgr de Quélen le tenait dans
ses mains quand Lacordaire entra. Le vieil évêque et le jeune prêtre causèrent quelques instants
de sujets indifférents. Tout à coup, Mgr de Quélen, regardant fixement la grande et pâle figure du
jeune homme, lui dit affectueusement : « Je vous
donne la chaire de Notre-Dame, et dans six
semaines vous prononcerez votre premier discours. »

Lacordaire se mit à trembler. Il était évident

que la glorieuse tâche de la prédication métro-
politaine l'effrayait. L'archevêque rassura ses
timidités et s'efforça de vaincre ses irrésolutions.
Lacordaire résistait ; Mgr de Quélen, insista.
Lacordaire demanda deux jours pour réfléchir ;
il les obtint et les passa dans les prières et les
méditations ; le troisième jour, il revint trouver
Mgr de Quélen ; il acceptait. Six semaines après
les conférences de Notre-Dame commencèrent.

V

Le jour où pour la première fois l'abbé Lacordaire prit la parole à Notre-Dame, sa réputation
naissante, le bruit de son talent avaient amené
au pied de sa chaire une assemblée très-diverse-
ment composée. — L'orateur, ému par l'impo-
sant prestige de ce vaste auditoire, y puisait les
raisons de son enseignement ; — « Si je jette
les yeux autour de moi, je découvre des fronts
de tous les âges, des cheveux qui ont blanchi
dans les veilles de la science, des visages qui
portent la trace de la fatigue des combats, d'autres qu'animent les douces émotions des études
littéraires, des jeunes hommes enfin qui viennent
de cueillir la troisième fleur de la vie. Assemblée,

4.

assemblée, dites-moi, que me demandez-vous, que voulez-vous de moi ? » Répondant à la question qu'il adressait, il trouvait dans son auditoire un immense besoin de vérité, d'enseignement, et il proposait l'Église comme le seul principe d'enseignement qui pût pleinement satisfaire l'âme humaine.

Il était hardi de commencer par l'Église l'exposition et l'apologie de la doctrine catholique. L'Église est la manifestation extérieure de la doctrine catholique, et c'est nécessairement contre l'Église qu'ont porté les plus grands coups des adversaires du catholicisme. Sans l'Église, le catholicisme ne serait guère qu'un ensemble de données philosophiques, et, en perdant l'honneur d'être un système religieux, il verrait se détourner de lui la haine de tous les esprits adversaires des religions. Mais, l'Église étant l'expression sociale du catholicisme, la constitution sociale de la vérité, c'était par elle que devait commencer Lacordaire, pour être fidèle à la pensée de son programme doctrinal.

La première conférence fut une des plus hardies : sans s'arrêter aux objections spécieuses et aux argumentations de détail, Lacordaire s'efforça de démontrer qu'il était nécessaire qu'il y eût dans le monde une Église, c'est-à-dire un corps enseignant. La base de cette démonstration

reposait sur une donnée de l'observation psychologique et sociale ; l'homme est *un être enseigné;*
cette idée de laquelle l'orateur catholique tirait
la nécessité d'un corps enseignant, blessait ouvertement la doctrine rationaliste ; celle-ci prétend que l'homme, indépendant de tout enseignement, peut s'élever à la connaissance du vrai.
Lacordaire se trouva donc, dès le premier pas
de son enseignement, en présence d'un adver-
saire formidable : *le rationalisme.* On sait qu'à
cette époque, sous l'influence de M. Cousin,
successeur de M. Royer-Collard, la philosophie
française s'était brusquement séparée du sensua-
lisme de Condillac et de Laromiguière. Échappée
aux erreurs du matérialisme, elle s'était jetée par
une réaction très-applaudie, un peu extrême
peut-être, dans l'étude d'un spiritualisme délicat.
Ce changement faisait le plus grand honneur
aux hommes qui l'avaient accompli ; cet honneur
entourait les philosophes de la nouvelle école
d'une popularité d'autant plus redoutable qu'elle
était, dans une certaine mesure, fort légitime.
Ces adversaires applaudis, qu'ils s'intitulassent
spiritualistes ou éclectiques, étaient très-franche-
ment rationalistes. C'était leur autorité toute-
puissante que Lacordaire trouvait en face de lui
en ouvrant les conférences de Notre-Dame ; et
comme s'il eût voulu, dès le premier pas, engager

l'action, le jeune prédicateur établissait l'Église sur la négation d'un des principes favoris du rationalisme. La raison de cette hardiesse qui allait ainsi franchement au-devant de l'ennemi était dans une résolution très-arrêtée chez Lacordaire : il ne voulait pas discuter le rationalisme ; il se contentait de nier qu'il fût une doctrine sociale, et le repoussait par l'impuissance où était une doctrine purement philosophique de tenir un rang dans les préoccupations pratiques d'une société. Lacordaire ne s'engageait pas avec ses adversaires dans une suite de discussions abstraites sur les principes de la certitude, et la portée plus ou moins grande de la raison humaine ; il allait aux conséquences extérieures de la doctrine, et il démontrait que le rationalisme ne pouvait prétendre à aucune influence pratique sur la société ; il lui refusait donc l'honneur de le discuter, et échappait, par cette fin de non-recevoir, aux difficultés très-grandes d'une argumentation engagée contre des adversaires singulièrement hostiles. Les rationalistes non-seulement n'étaient pas discutés, mais l'orateur, usant de toutes les ressources d'une parole spirituelle et railleuse, avait soin en les expulsant, de décourager toute envie que son auditoire aurait pu avoir de les plaindre ; il s'attachait à rendre ridicules les beaux-esprits du rationalisme, et, s'il n'allait pas jusqu'à appeler leur doctrine,

comme celle des matérialistes, « une canaille de
doctrine, » il les tournait en ridicule le plus
agréablement du monde ; en 1835, tous les rationalistes n'étaient pas de l'Académie, mais
beaucoup d'académiciens étaient rationalistes.
Cette circonstance servait très-bien le dessein de
Lacordaire. Un auditoire français, même à
Notre-Dame, aime toujours à entendre railler les
académiciens, et Lacordaire, qui ne comptait
guère à cette époque devenir le collègue de M.
Guizot, frappait le rationalisme sur le dos de
l'Académie : « Nous ne sommes pas, disait-il,
des académiciens qui élaborent dans le silence
du cabinet des découvertes utiles aux puissances
de l'humanité, et qui, ensuite, les portent fastueu-
sement au milieu d'assemblées publiques où
les battements de mains, les pensions et les
honneurs les dédommagent de leurs sueurs et de
leurs veilles. » (*IIIe Conférence.*) « Toute doctrine qui n'a qu'un appui rationnel, qui ne se défend que par la raison, est une doctrine impuis-
sante, une doctrine perdue, une doctrine morte,
et pour tout dire en un mot, *une doctrine académique.* » (*XVIIe Conférence.*) Rien n'est varié
comme les formes de l'ironie dont Lacordaire se
sert contre le rationalisme académique. Tantôt il
imite, involontairement peut-être, un morceau
connu de Démosthène : « Si j'avais recueilli, au

haut des Alpes, je ne sais quelle goutte d'eau contenant des propriétés inconnues, et que je l'apportasse au sein de nos sociétés savantes, toute l'Europe serait émue, on la mettrait sous clef, on nommerait des commissions qui s'assembleraient pendant plusieurs mois, on s'aborderait dans la rue en se disant: Savez-vous la nouvelle? quoi? qu'est-ce? Il est arrivé à l'Académie une goutte d'eau dont personne n'avait jamais ouï parler. » (*XVIIIe Conférence*.) Et l'orateur a beau assurer que s'il parle de ces savants qui se rassembleraient pour un tel objet, ce n'est pas dans une intention ironique, il peut bien promettre qu'il n'y met pas de moquerie : il y en a et du meilleur goût. Ailleurs parlant de la frivolité des recherches de la philosophie rationnelle : « Les gens d'esprit pourront bien reconnaître de l'invention dans ces jeux d'une foi qui a honte d'elle-même ; mais l'humanité tranquille, les oreilles un moment charmées par ce bruit ingénieux, se couchera le soir et le lendemain en se reveillant, elle demandera ce que sont devenus ces artistes d'hier. » (*XXVIIe Conférence.*)

Résolu à ne pas discuter le rationalisme par une argumentation métaphysique, Lacordaire pouvait facilement établir la haute portée sociale de l'Église catholique. Il le fit avec un rare talent. Il se proposa d'établir que la *constitution orga-*

nique de l'Église était surhumaine. (*XXVII*e *Con-férence.*) Il expliqua d'abord la hiérarchie catho-lique et la puissance dont elle dispose. Il fut, à l'occasion de cette dernière idée, conduit à ré-futer une objection historique, souvent reproduite contre le catholicisme. On a depuis bien long-temps reproché à l'Église d'avoir fait appel à la contrainte matérielle pour imposer aux esprits l'autorité de ses croyances. Lacordaire répondit à ces reproches en établissant que, d'après la loi évangélique, l'Église doit demander la liberté, accepter la protection, mais repousser la main des puissances qui viendraient verser le sang pour sa cause. Telle était la loi de sa fondation; l'Église s'en était-elle écartée? Lacordaire, en face de cette question toute historique, la traita rapidement, mais il dégagea complétement la solidarité de l'Église des excès commis en son nom, contre sa volonté, par le despotisme into-lérant des pouvoirs civils.

En 1836, Lacordaire aborda un ordre de ques-tions beaucoup plus philosophiques. Ce n'était plus de l'organisation extérieure de l'Église qu'il s'agissait ; ce n'était pas encore de la doctrine catholique. Lacordaire, comme préliminaire à l'examen doctrinal qu'il se proposait de faire du catholicisme, exposa la matière de cette doctrine catholique, sa forme, ses sources. « Toute doctrine a un objet que nous appelons matière, et un procédé pour saisir cet objet que nous appelons sa forme. » *(VIIIe Conférence.)* Le langage de Lacordaire, empruntant aux sujets qu'il traitait leur couleur métaphysique, définissait la matière de la doctrine catholique, « la connaissance de Dieu, qui est le souverain bien, et du démon, qui est le souverain mal, dans leurs rapports avec l'homme, qui tend à s'unir éternellement ou à Dieu par le bien, ou au démon par le mal. » *(VIIIe Conférence.)* Quant au procédé qui devait conduire l'esprit humain à cette connaissance, Lacordaire enseignait que la doctrine catholique avait une double forme, la forme de la science et la forme de la foi. *(VIIIe Conférence.)* Développant cette pensée, il trouvait dans l'Écriture et dans la tradition les deux grands dépôts du témoignage divin, les deux sources principales de la doctrine de l'Église. *(XIe Conférence.)* Puis, pénétrant dans l'homme, il rencontrait la raison et la foi, et recherchait la légitimité de ce double procédé, nécessaire pour arriver à la connaissance du vrai.

On serait tenté, en lisant les Conférences qui ont pour objet ces hautes matières, de refuser à Lacordaire le sens philosophique. Il les traite avec une grande hauteur de parole, il aborde ces redoutables questions avec une facilité singulière

de locutions oratoires, mais la profondeur philosophique fait défaut. Est-ce impuissance? est-ce
calcul? La seconde explication paraît plus vraie.
Le nombre des esprits philosophiques est, en
France, très-restreint; même dans l'auditoire de
Notre-Dame en 1836, il y avait peu de ces intelligences curieuses des recherches abstraites de la
spéculation métaphysique. Lacordaire le sentait
parfaitement, et c'était par une connaissance
très-juste de la nature des esprits qui venaient
l'entendre, qu'il préférait, à l'exposition philosophique de ces thèses importantes, leur exposition
sociale, et je dirais volontiers politique. La même
raison le rapprochait quelquefois du souvenir de
M. de Lamennais. Le système de celui-ci prêtait
alors à Lacordaire des arguments qui avaient
peu de valeur, mais qui aidaient merveilleuse-
ment le prédicateur de Notre-Dame à éluder certaines difficultés. « Savez-vous ce que vous faites,
s'écriait Lacordaire, quand au nom de la raison
vous rendez des sentences contre le christianisme? je vais vous le dire. Vous avez étudié
quelques sciences instrumentales, du latin et du
grec, acquis quelques notions de physique et de
mathématiques, lu des fragments d'histoire an-
cienne et moderne, feuilleté avec plaisir des plai-
doyers plus ou moins ingénieux contre le christianisme, et, avec ce petit bagage porté par vos

vingt à vingt-cinq ans, vous vous posez sans crainte en face de Jésus-Christ et de son Église pour leur apprendre que vous les mettez au ban de la raison humaine. Croyez-vous que le christianisme, certainement plus vieux que vous, qui a lu davantage, qui a vu davantage, qui a plus vécu que vous avec l'humanité, croyez-vous qu'il n'aurait pas autant de droit de vous mettre au ban de la raison? » L'argument est bien spirituellement présenté, mais c'est la vieille thèse de M. de Lamennais opposant à la raison individuelle la raison universelle, et construisant la foi sur le consentement du genre humain. Lacordaire avait-il conscience de ces emprunts à une philosophie désavouée par lui? Il est difficile de le savoir d'une façon précise ; le plus probable est qu'il faisait arme de toute idée, pour en finir avec des discussions philosophiques qui embarrassaient le programme arrêté d'avance par sa pensée.

De 1836 à 1843, les conférences de Notre-Dame furent interrompues. Lacordaire se rendit à Rome. A peine y fut-il arrivé qu'il se mit immédiatement à remplir une promesse faite, sans doute avant son départ de Paris, à madame Swetchine.

M. de Lamennais venait de publier à peu d'intervalle les *Paroles d'un croyant*, et le volume intitulé les *Affaires de Rome*. L'émotion pro-

duite par ces livres était grande ; la révolte de
Lamennais devait avoir des approbateurs et des
complices nombreux : en se séparant de l'Église,
l'auteur des *Paroles d'un croyant* lui portait un
coup bien rude. Les adversaires de la pensée catholique applaudissaient bruyamment. Les catholiques étaient couverts de confusion : la condamnation de *l'Avenir* semblait atteindre toutes
les opinions libérales qui agitaient alors la jeunesse contemporaine. Lamennais se portait au
contraire comme le messie de ces espérances.
L'Église était profondément troublée par ce conflit. Lacordaire, souvent nommé dans l'ouvrage
de Lamennais, pressé par madame Swetchine,
écrivit de Rome, à la date du 14 décembre 1836,
la *Lettre à un ami sur le Saint-Siége*. Il se proposait de réfuter quelques-unes des erreurs répandues contre le Saint-Siége : « Parmi ces
erreurs, la plus grave est de croire que le gouvernement pontifical soit entré dans l'alliance
des gouvernements absolus, et qu'il voie avec
inimitié tout pays dont les institutions essayent
de rappeler les anciennes franchises de l'Église
catholique. » Lacordaire s'efforçait d'établir que
Rome n'est dans aucun parti : « Mère de tous les
peuples, elle respecte toutes les formes de gouvernement qu'ils se donnent, ou que leur créa la
force des choses et du temps. » Dès que cette

apologie habile, ardente et pleine des idées les
plus élevées, fut terminée, Lacordaire l'adressa
à madame Swetchine : celle-ci devait y trouver
les traces visibles de son ascendant. L'opuscule
de Lacordaire était une défense heureuse de ce
que l'auteur appelait, dès cette époque « *la liberté pontificale ;* » mais Lacordaire avait res-
piré, dans le salon de madame Swetchine, un air
profondément imprégné de souvenirs monarchiques. Russe de naissance et aristocrate de nature, madame Swetchine avait horreur de la
démocratie, et les beaux-esprits distingués et
délicats qui se pressaient dans son salon n'allaient guère, dans leurs exagérations les plus
libérales, au delà de la charte de 1830. Lacordaire avait subi cette influence ; naturellement
favorable aux idées les plus radicales et particulièrement sympathique à la pensée d'une démocratie libérale et catholique, il avait, dans le
salon de la rue Saint-Dominique, tempéré sa
conviction instinctive ; la *Lettre sur le Saint-
Siége* accusait des préférences monarchiques qui
devaient plus tard être cruellement reprochées
au républicain de 1848 : en 1836, on ne pré-
voyait pas 1848, et la prévision d'une révolution
républicaine fût-elle venue au jeune prêtre, il
n'eût rien fait pour donner à des croyances démocratiques une date qui lui pût servir plus tard.

L'opuscule adressé à madame Swetchine fut lu par elle et communiqué à Mgr de Quélen, archevêque de Paris, et à Mgr Garibaldi, homme d'un esprit élevé et conciliant, qui avait remplacé à la nonciature Mgr Lambruschini. La lettre au Saint-Siége fut admirée rue Saint-Dominique, à l'archevêché, à la nonciature ; mais on y voulut, sur certains points, quelques phrases de plus, sur d'autres quelques phrases de moins. Madame Swetchine, qui acceptait très-volontiers le rôle « d'homme d'affaires » de Lacordaire, lui transmit les critiques de l'archevêché et de la nonciature. Lacordaire en accepta quelques-unes, en repoussa d'autres ; il fut débonnaire, « mais il mit des bornes à sa débonnaireté. » Après de longs pourparlers et une correspondance considérable, Mgr de Quélen et M. Affre, son grand vicaire, décidèrent de demander à Lacordaire qu'il ajournât la publication de la *Lettre au Saint-Siége*. Madame Swetchine fut chargée d'annoncer à Lacordaire le désir de l'archevêque de Paris. La lettre écrite *à son cher enfant* est un modèle de douceur et de fermeté. La grande dame, la femme du monde, la chrétienne, l'amie, la femme enfin se réunissent pour donner aux conseils l'autorité puissante d'une persuasion irrésistible. Lacordaire céda, la publication de la *Lettre sur le Saint-Siége* fut ajournée pendant

quelque temps. Quand elle parut, l'émotion de la
lutte, soulevée par Lamennais, commençait à s'effacer, et l'opuscule de Lacordaire n'eut pas le
retentissement que lui avaient promis ses amis.
Les hésitations qui avaient retardé la publication
du livre se retrouvent dans la préface.

On ne sait pas quelle influence mit dans l'âme
de Lacordaire un projet. dont la réalisation tint
une grande place dans sa vie. Peu de temps
après sa lettre au Saint-Siége, Lacordaire entra
au couvent des Dominicains, et y commença les
épreuves du noviciat. On sait que le général de
cet ordre ne relève que du pape. Lacordaire, revenant en France avec la robe de Saint-Dominique, n'avait plus à y craindre les dominations du
clergé séculier; il échappait à la dépendance de
la hiérarchie; il est impossible de savoir si cette
raison, qu'on lui a prêtée, fut celle qui le déter-
mina. Le désir de relever un grand ordre religieux de la décadence où il était tombé fut peut-
être une raison plus haute de sa décision. Le 6
avril 1840, il revêtit à Rome la robe blanche, qu'il
devait bientôt montrer à ses compatriotes un peu
surpris. Son noviciat fut occupé par une préparation laborieuse aux luttes qu'il se préparait à
soutenir ici; il composa à cette époque, le *Mémoire pour le rétablissement en France de l'ordre des Frères Prêcheurs*. Le livre parut quand

Lacordaire rentra en France. Il répondait à deux questions : « Pourquoi Lacordaire était-il entré dans l'ordre des Frères Prêcheurs? convenait-il de laisser à cet ordre la liberté de s'établir en France? Le nouveau dominicain démontrait que l'ordre des Frères Prêcheurs méritait la faveur de la société moderne, particulièrement de la société française, et il ne demandait pour lui que la liberté. Lacordaire, en adressant le mémoire *à son pays*, se pliait franchement aux habitudes de la vie moderne; le livre tout entier était écrit pour en caresser habilement les instincts; éloquent et presque sarcastique dans une partie, tendre, apologétique et narratif dans l'autre, ce mémoire avait un caractère particulier et assez étrange; il réclamait l'admission en France de l'ancien ordre des Dominicains, et il répudiait vivement les souvenirs du passé, « le temps où une foule de vocations aidées par une industrie domestique peuplaient d'âmes ennuyées et médiocres les longs corridors des monastères. » La gloire de Savonarole était hautement réclamée, et le fougueux démocrate de Florence devait obtenir du libéralisme français le droit d'accès pour l'ordre de Saint-Dominique. Les souvenirs de l'inquisition que l'école philosophique faisait planer sur les origines de l'ordre, étaient écartés avec une indignation ardente et, ce qui vaut

mieux, une érudition parfaitement sérieuse et
loyale. Cette érudition se développait dans la Vie
de saint Dominique, qui semblait comme une
pièce justificative jointe au mémoire; il y avait
dans ces deux ouvrages comme le souvenir commun des deux carrières suivies par Lacordaire;
certaines pages étaient évidemment signées par
le jeune avocat qui voulait être maintenu au tableau de l'ordre malgré l'admission dans les ordres sacrés; il y en avait un plus grand nombre
où dominait l'autorité douce et caressante du
grand prédicateur. La Vie de saint Dominique
n'était pas un long ouvrage : « Les longs ouvrages me font peur, » a répété quelque part Lacordaire. C'était un morceau éloquent, écrit avec
feu, plein d'originalité et animé par le sentiment
d'une conviction profonde. Il n'eût pas valu à
Lacordaire l'honneur d'être nommé à l'Académie;
il lui mérita, la première fois qu'il monta dans la
chaire de Notre-Dame, une tolérance générale.

Ce ne fut pas sans une certaine solennité qu'il
reprit la parole devant l'auditoire quelque peu
étonné du changement de costume de l'orateur.
Le 14 février 1841, eut lieu à Notre-Dame de
Paris une cérémonie pour l'inauguration de l'ordre
des Frères Prêcheurs en France. Lacordaire ne
voulait pas que son ordre rentrât la tête basse,
en se cachant, par une porte dérobée; il déclara

hautement ses intentions, dont il avait donné les raisons. Il prononça, à l'occasion de cette cérémonie, un discours, qui fut alors beaucoup remarqué, sur la vocation de la nation française ; il montra à la foule attentive et quelque peu étonnée le froc séculaire de saint Dominique. « Il n'y avait dans cette montre ni audace ni crainte. » Le discours de Lacordaire ne portait la marque d'aucun de ces sentiments ; peut-être le nouveau dominicain sacrifiait-il un peu au désir d'obtenir pour son ordre une popularité nécessaire. On reprocha à sa parole quelques traits qui ressemblaient à ceux de la flatterie. L'orateur énumérant tout ce que la France avait fait pour l'Église : « Je suis long peut-être, Messieurs, mais c'est votre faute, c'est votre histoire que je raconte : vous me pardonnerez si je vous fais boire jusqu'à la lie le calice de votre gloire ; » il y avait là tout au moins une faute de goût.

Le discours sur la vocation de la nation française, l'admission en France de l'ordre des Frères Prêcheurs furent l'occasion d'un grand mouvement d'opinion ; les partis politiques, les hommes religieux, le gouvernement, l'opposition libérale, le clergé, tout le monde s'émut beaucoup du retour de Lacordaire. A l'enthousiasme exagéré des uns répondaient des haines implacables. Si Lacordaire fût monté en 1841 une seconde fois

5.

dans la chaire de Notre-Dame, il est probable
que l'église eût été le théâtre de scènes scanda-
leuses. La prudence le rappela à Rome. Il y
passa près d'une année ; il revint d'Italie à Bor-
deaux, y prêcha quelque temps, et, le talent dominant les préjugés hostiles et assurant les admi-
rations, l'éloquent dominicain obtint bientôt le
prestige d'une popularité qu'il devait consacrer
à Paris.

VI

Il y reprit en 1843 le cours des conférences
suspendues depuis 1835. La première fois qu'il
remonta dans cette chaire de Notre-Dame, on
raconte que de sinistres menaces l'y accompa-
gnaient ; des lettres reçues la veille le prévenaient
que, s'il prenait la parole, au milieu de son sermon il serait assassiné ; on devait, disait-on, lui
tirer un coup de pistolet. Ces menaces n'ont rien
de très-invraisemblable si on se rappelle l'exagération des opinions à cette époque et la fureur de
certains partis contre les ordres religieux et ce
qu'on appelait déjà « *le parti clérical.* » Lacordaire, supérieur aux craintes qu'on voulait lui
inspirer, commença, sans paraître plus ému qu'à
l'ordinaire, la conférence qui a pour objet la cer-

titude rationnelle de la doctrine catholique. Il raconta plus tard qu'après quelques paroles, à l'empire qu'elles exercèrent et à l'attention admirative qui les accueillit, il sentit désarmées les menaces dirigées contre lui. Depuis ce jour, il ne fut troublé dans le cours de ses conférences que par les succès mêmes qui les accueillirent.

En 1835 et en 1836, il avait exposé l'existence de l'Église, indiquant les sources de la doctrine catholique. En 1843, il exposa les effets de cette doctrine sur l'esprit. La doctrine catholique donne à l'esprit de l'homme, dans l'ordre des choses divines, une certitude que lui promettraient inutilement les sectes religieuses et les systèmes philosophiques. Cette doctrine est repoussée universellement par la raison humaine, représentée par la raison des hommes d'État, par la raison des hommes de génie et par la raison populaire. (*XVe Conférence*). Mais cette répulsion est une preuve de sa légitimité, car la vérité doit être naturellement antipathique à l'homme corrompu. Triomphant de cette répulsion par la certitude, la doctrine catholique joint à son évidence rationnelle une puissance supernaturelle ou mystique; elle peut être l'objet d'une conviction savante ou réfléchie, aristocratique ou privilégiée, et elle est l'objet d'une conviction illettrée, sociale et réellement populaire. Cette conviction intuitive, indiquée oratoirement par Lacordaire, devait quinze ans plus tard être analysée philosophiquement par le P. Gratry. Le dominicain, franchissant rapidement les étapes du raisonnement métaphysique, arrivait à la description de la doctrine rationnelle et mystique, et démontrait qu'elle était supérieure à toutes les doctrines philosophiques et religieuses qui la combattent, soit par la clarté, soit par la profondeur, soit par l'étude des connaissances qu'elle fournit à l'homme. La dernière conférence de l'année 1843 fut consacrée à l'analyse si délicate des rapports légitimes de la foi et de la raison; Lacordaire avait épuisé l'étude des effets que produit la doctrine catholique sur l'esprit.

L'année suivante, il descendit de l'ordre psychologique vers des vérités de l'ordre purement moral, et ce fut, en traversant l'étude de ces vérités, que son talent trouva l'occasion des plus admirables développements. « Il n'y a au monde qu'une doctrine religieuse qui puisse courber la superbe dans le cœur humain sous le joug volontaire de l'humilité, arrêter les ardeurs de ses passions par le frein de la chasteté, passionner son activité par les dévoûments de l'apostolat, et établir enfin, dans l'âme tout entière, la domination des sentiments religieux, et cette doctrine, c'est la doctrine catholique. Jusqu'ici, son action est limitée à l'homme, à son esprit, à son cœur; mais si grands que soient ces deux théâtres où se produit l'action de la doctrine catholique, ce n'est pas cependant la scène dernière où elle manifeste sa prépondérance. La doctrine catholique a une action sur la société. » Ce fut la thèse que Lacordaire développa dans les conférences de 1845. Ce fut la partie réellement neuve de son enseignement. Il démontra que la doctrine catholique est la seule entre toutes les doctrines philosophiques et religieuses qui ait pu fonder une société intellectuelle, publique; intellectuelle, c'est-à-dire liée par la seule communauté des croyances; publique, c'est-à-dire livrée à la discussion et destinée à la propagande. Cette *société* religieuse avait exercé une influence heureuse sur la *société* naturelle; elle avait favorisé le développement de l'idée du droit, dégagé le principe de la propriété des principes généraux de l'ordre civil, et consacré le respect de la famille, celui de l'autorité. Cette influence sociale du catholicisme, démontrée par une parole éloquente, frappa beaucoup d'esprits. La nouveauté de cette argumentation attirait autour de la chaire de Notre-Dame une foule qui y était retenue par des habiletés charmantes de parole.

En 1846, l'illustre dominicain pénétra plus avant et, passant du phénomène intellectuel, mo-

ral et social qu'il venait de décrire à la cause
même de ce phénomène, aborda un sujet qu'il ne
devait épuiser qu'après un long examen : « Jésus-
Christ même, Jésus-Christ est la pierre angulaire
du catholicisme ; il est l'âme et le fond de la doctrine ; toute cette doctrine n'est que le commen-
taire de la vie du Christ. Quiconque admet le
Christ est irrésistiblement enfermé, ou ramené tôt
ou tard, par la logique dans la profession catholique, et quiconque le repousse ne peut, quelque
effort qu'il fasse, échapper à l'exclusion catholique.
Il ne faut pas entendre dans un sens absolu cette
proposition rigoureuse : Il n'y a point de salut
hors l'Église ; mais il est absolument et rigoureusement vrai qu'il n'y a point d'Église possible
hors de Jésus-Christ. » La nécessité des idées for-
çait donc Lacordaire à aborder l'examen de la
personne divine et humaine de Jésus-Christ. Il le
fit sans hésitation et avec un rare bonheur de res-
pectueuse liberté. La divinité du Christ a été démontrée par les apologistes chrétiens sous toutes
les formes depuis dix-huit cents ans. Il est impossible de trouver un argument qu'ils n'aient point
invoqué. Quelque puissante que fût l'imagination de Lacordaire, elle ne l'était point assez
pour découvrir un nouveau moyen, mais il renouvela la démonstration par la couleur moderne
qu'il y répandit. Les conférences qui ont pour

objet Jésus-Christ sont des modèles d'habileté oratoire. Lacordaire sait qu'il s'adresse à des esprits insoumis et rebelles ; il faut les convaincre sans les blesser ; il y a, pour obtenir le consentement de leur raison, à ménager les préventions inflexibles de leur science incomplète et orgueilleuse, de leurs attachements secrets ; il faut être affirmatif en déguisant l'affirmation sous les formes d'une proposition indépendante ; il faut traiter respectueusement certaines objections, railler insolemment certains préjugés, flatter certains instincts : habileté légitime et sainte qu'exercent sur l'esprit les innocentes séductions du talent. Pascal dit quelque part que l'art de persuader consiste autant en celui d'agréer qu'en celui de convaincre. Lacordaire répandait avec une heureuse richesse ces agréments persuasifs dans l'exposition d'une matière rude pour beaucoup d'esprits.

La divinité du Christ démontrée et acceptée, Lacordaire était souverain maître de sa pensée et de sa parole ; il pouvait librement développer toutes les thèses de l'enseignement catholique, il n'y avait plus de réserve à garder, le temps des précautions était passé ; la pensée n'avait plus besoin de voiles, ni la parole de ménagements. L'esprit français, s'il échappe à l'autorité de l'Église catholique, ne le fait que pour trouver une indépendance plus grande dans les franchises du rationalisme. Il n'y a point à craindre qu'il rompe avec l'autorité catholique pour aller chercher l'autorité sous une autre forme dans le protestantisme. Lacordaire le savait parfaitement, il n'y a point de terme moyen ; l'esprit français peut hésiter entre l'obéissance catholique et l'indépendance philosophique, mais il y a peu à redouter, s'il consent à obéir, qu'il serve le dogmatisme protestant. Le catholique soumet sa pensée à l'autorité de l'Église ; le protestant soumet sa pensée à l'autorité de la Bible ; dans un cas l'autorité est représentée par un corps enseignant, dans l'autre par un livre. Ni dans un cas ni dans l'autre, il n'y a liberté absolue ; le protestantisme n'est pas plus libéral que le catholicisme, seulement ici on obéit à un pape ou à un concile, et là à un texte librement commenté. L'esprit français qui échappe au catholicisme, ne le fait pas pour s'arrêter au protestantisme ; il va plus loin, il s'affranchit logiquement et il ne s'arrête tout au plus qu'à la religion naturelle. De même dans ses retours, l'esprit français ne reste pas à moitié chemin, il ne revient pas de l'incrédulité au protestantisme. Dès qu'il fait l'effort d'abdiquer l'illusion d'une indépendance absolue, il n'abdique qu'entre les mains de l'Église ; le Christ démontré, l'auditoire converti chrétien, se trouvait tout d'abord catholique.

Ce fut donc en développant franchement l'enseignement catholique que Lacordaire continua le cours de ses conférences : elles ne furent pas interrompues par les événements qui, en 1848, donnèrent à la France le régime républicain. La révolution fut saluée par Lacordaire comme l'heure fortunée d'une délivrance longtemps attendue : le gouvernement de juillet n'avait pas toujours été favorable aux catholiques, il n'avait point obtenu leur affection, et quand il fut tombé, il n'eut point leurs regrets ; l'alliance avait été très-intime entre le parti libéral et le parti catholique : celui-ci demandait avec une persévérance obstinée la liberté de l'enseignement, et continuait, dans les derniers jours de la monarchie de juillet, la lutte commencée en 1830 par la rébellion légale de la rue des Beaux-Arts. Les libéraux applaudissaient aux efforts de cette lutte, et quand le 24 février éclata, il trouva réunis, presque sous le même drapeau, les catholiques et les républicains. L'union fut déclarée par des témoignages réciproques ; on appela les prêtres pour bénir les arbres de la liberté, et l'image du Christ ne fut pas, comme en 1830, outragée en même temps que les emblèmes monarchiques. Lacordaire vit avec joie cette alliance des idées qu'il aimait également dans l'ordre religieux et dans

l'ordre politique ; il salua sans arrière-pensée
« ce grand peuple qui, tout à l'heure, au milieu
même de l'enivrement de sa force, après avoir
renversé plusieurs générations de rois, portait
dans ses mains soumises, associée à son triomphe,
l'image du Fils de Dieu fait homme. » Parlant,
dans sa conférence du 27 février, des révélations
par lesquelles la Providence se manifeste aux
nations, il disait : « Elle frappe des coups de
foudre, elle déchire des voiles, elle donne de sa
présence un sentiment si plein et si profond que
nul ne s'y trompe, et qu'un peuple entier laisse
échapper de son cœur ce cri unanime et involon-
taire : Dieu! c'est Dieu! Nous assistons, Messieurs, à une de ces heures où Dieu se découvre:
hier il a passé dans nos murs, et toute la terre l'a
vu! Pourrais-je donc me taire devant lui? pourrais-je retenir sur mes lèvres tremblantes la
prière de l'homme qui, un jour de sa vie, a vu son
Dieu de plus près? » Lacordaire avait-il tort de
s'associer avec tant d'empressement au mouvement de 1848?.

On pourrait dire, pour le défendre, que le plus
sage est toujours, dans les époques de révolution,
que les hommes de bien prennent aux affaires publiques une part d'action et d'influence : ceux qui
s'abstiennent perdent tout; quelque horreur qu'on
puisse avoir d'un régime de gouvernement, il ne

faut pas se croire dégagé de toute obligation : ce qui prépare les exagérations et les violences, ce sont les hommes ou timides, ou découragés, ou chagrins, qui désertent la place publique ; mais ces raisons ne furent pas celles qui déterminèrent Lacordaire ; il ne fut pas mêlé à la révolution de 1848 par le sentiment d'un devoir à remplir, mais bien par le choix libre et spontané de sa nature et de ses goûts démocratiques. Pourquoi la démocratie et le catholicisme ne pourraient-ils pas s'accorder ? Il y a en Amérique d'excellents démocrates qui sont en même temps de parfaits catholiques : l'Église n'a jamais recommandé à ses fidèles une forme particulière de gouvernement. La forme démocratique, qui appelle les petits, les humbles, les pauvres à une participation plus grande des droits et des biens accordés aux grands, aux riches et aux puissants, semble refléter les couleurs de la lumière évangélique. Pourquoi le catholicisme repousserait-il la démocratie ? Celle-ci n'a en soi rien de redoutable, rien de contraire à l'Église. La démocratie, d'autre part, a besoin du catholicisme : elle appelle au gouvernement de la société le peuple entier, les foules ; il est nécessaire que ces foules soient instruites, qu'elles soient défendues contre les corruptions, qu'elles soient élevées ; et cette instruction ne peut être donnée au peuple, au vulgaire, que par l'enseignement de la plus populaire des religions. Le catholicisme est nécessaire à une démocratie, et le principe démocratique n'a rien de contraire au principe catholique.

Ces idées dominaient l'esprit de Lacordaire ; elles lui inspirèrent la pensée d'un journal républicain et catholique, *l'Ère nouvelle*. Elles le conduisirent bientôt à se mettre sur les rangs des candidats à la députation. Il fut élu représentant à l'Assemblée nationale de 1848 ; il y siégea peu de temps; après le 15 mai, il donna sa démission. Cette traversée de la vie politique ne fut pas heureuse pour Lacordaire. Il appela sur lui les haines de tous ceux qui n'aimaient pas le mouvement de 1848 ; il perdit une partie du prestige qui entourait son talent et son caractère ; il échappa, par une retraite anticipée, aux périls d'une situation compromettante. Il est facile de pénétrer la cause de cette fortune contraire : Lacordaire se trouvait placé en présence et à côté de partis différents, dont aucun ne pouvait l'accepter. Les hommes qui formaient ce qu'on appelait le parti de l'ordre comptaient dans leurs rangs un grand nombre de catholiques ; mais ce parti ne suivait le mouvement qu'avec une extrême répugnance ; il voulait l'arrêter, au moins le ralentir ; formé des débris de tous les anciens partis, il préparait contre la république la coalition cachée et couverte des regrets et des rancunes ; beaucoup, avec la meilleure foi du monde, pensaient que, pour sauver la société, il fallait à tout prix perdre le régime que le 24 février avait inauguré ; ils y travaillaient avec une ardeur qu'ils ne prenaient même pas le soin de dissimuler. Désintéressé, enthousiaste et trop passionné pour ne pas être souvent extrême dans ses opinions, Lacordaire ne pouvait s'enfermer dans les rangs du *parti de l'ordre*. Le parti contraire, qui siégeait à la gauche de l'Assemblée nationale, n'acceptait la révolution de 1848 que comme un début et un prélude. On voulait, dans ce parti, pousser en avant le pays et l'engager dans des voies inconnues, brusquement et sans préparation. Les hommes de la gauche pensaient avec raison que des réformes sociales étaient nécessaires ; mais ils en concluaient, bien à tort, qu'il fallait essayer des réformes socialistes. Ils étaient dominés par quelques-uns de ces faux systèmes économiques dont ils n'apercevaient pas eux mêmes les conséquences ; au lieu de combattre avec de bonnes raisons les idées dangereuses de ces doctrines, les gens de l'ordre, le plus souvent, les frappaient brutalement et voulaient continuer, sous la république, la tradition du parlementarisme bourgeois de la monarchie de juillet. Une telle résistance, flétrie du nom de réaction, irri-

tait tout le monde sans calmer personne, et les
hommes de la gauche étaient poussés à demander
tout, par l'opiniâtreté d'adversaires qui n'accor-
daient rien ; de là, des exagérations auxquelles
Lacordaire ne pouvait s'associer sans compromettre gravement la dignité de son caractère et de
sa robe. Les événements faisaient ainsi à Lacordaire une réponse qui contrariait ses penchants.
Les prêtres, les religieux peuvent-ils se mêler à
la vie politique de leur pays ? Lacordaire avait
toujours cru que c'était là pour eux plus qu'un
droit, il y avait vu un devoir véritable. Il voulait
que l'Église et les hommes qui la représentaient
fussent associés à tous les actes de la vie sociale
et politique, qu'ils descendissent au forum, et
qu'ils y prissent la parole et l'influence. Les relé-
guer dans la vie religieuse ou dans la vie privée,
c'était arbitrairement condamner l'Église au silence et à une véritable destitution. Lacordaire
avait toujours protesté contre un pareil système ;
il n'avait quitté le barreau, en 1831, qu'après en
avoir été écarté par une décision du conseil de l'ordre ; il était entré dans les assemblées délibératives
dès que la Constitution avait permis aux prêtres d'y
entrer. La suite des événements lui enlevait cette
illusion ; elle lui répondait par une leçon sévère.
En France, les partis sont trop divisés, les haines
sont trop violentes pour que le prêtre, homme

de paix et de prière, puisse impunément se livrer aux engagements de la politique. La parole de l'Apôtre qui ordonne au prêtre d'être *tout à tous*, l'écarte d'une vie de conflit dans laquelle il ne peut sauver à la fois les intérêts de sa dignité et ceux de la charité chrétienne. Les mœurs françaises répugnent d'ailleurs à cette intrusion du prêtre dans les affaires publiques, et il y a de ces préjugés devant lesquels les gens sages doivent s'incliner. Le clergé, même en s'enfermant dans sa mission d'apostolat religieux, rencontre des haines ardentes qui contrarient ses efforts ; qu'il se mêle à la politique, et l'ardeur de ces haines, croissant encore davantage, empêchera son influence, devenue suspecte, de s'exercer pour le bien des hommes et la gloire de Dieu.

Lacordaire entendit cette leçon sévère ; il rentra dans la vie religieuse et reprit en 1849 le cours de ses conférences. Il traita du commerce de l'homme avec Dieu. Impersonnel et idéal, le dieu de la philosophie n'intervient dans le gouvernement de la vie humaine que par des points isolés et une action indirecte ; « d'après l'enseignement catholique, en outre de l'action créatrice à qui nous devons les éléments de la vie, la connaissance et l'amour qui sont en nous, il existe, à notre égard, une action de Dieu plus pénétrante et plus profonde. » (*XXVe Conférence.*)

C'est cette action dont Lacordaire analysa en 1849 les caractères principaux: « Il les trouva d'abord dans la prophétie par laquelle l'intelligence humaine reçoit de Dieu une lumière surnaturelle: dans le sacrement qui donne à l'homme une force qu'il ne connaissait pas. » (*LIXe Conférence.*) De pareilles idées, si anciennes qu'elles fussent dans l'enseignement catholique, étonnaient beaucoup d'esprits. Toutes les conférences qui ont pour objet ces matières disputées renferment, à côté de l'exposition, ou plutôt mêlées à celle-ci, une justification philosophique et oratoire du plus merveilleux effet.

En 1850, Lacordaire, couronnant l'œuvre commencée, développa la doctrine catholique de la chute originelle. Il termina, en 1851, par l'exposé du dogme de la réparation; neuf dans la démonstration de ces vieilles thèses, facile et toujours clair dans le développement de ces questions difficiles et ardues, populaire dans l'exposition des doctrines les plus rudes et les plus exclusives, Lacordaire atteignit le plus hau point de la perfection que pût rencontrer son ta lent. Ces deux années marquent, suivant nous l'apogée de sa puissance oratoire; avant, il pro gresse; après, il déchoit. Les conférences sur l chute et la rédemption sont à la fois historique et psychologiques. Lacordaire reprend et refai le récit biblique des événements plus ou moins symboliques dont l'Éden fut le mystérieux théâtre; il ne recule devant aucun des dangers que présente l'exposition de certains faits. Le prologue de cette tragédie divine en est la plus grande scène : c'est le premier homme tenté par la parole de la première femme, et la convoitise du fruit mystérieux détaché de l'arbre défendu. Bossuet a commenté le récit biblique avec la raison tranquille et sereine qui fut l'esprit du grand siècle ; il touche franchement à toutes les idées ; il reprend, sans y rien changer, toutes les images des récits divins. Lacordaire est moins calme ; le siècle devant lequel il rappelle cette histoire, ingénument mystérieuse, n'est favorable, ni à l'ingénuité, parce qu'il est sceptique, ni au mystère, parce qu'il est orgueilleux. L'esprit ironique, railleur, frivole, de Voltaire, est au pied de la chaire, plein de sourires dédaigneux. Lacordaire, qui veut convaincre, doit-il voiler la naïveté du récit primitif? Non, il ne peut le faire sans trahir les rigueurs de l'orthodoxie ; il ne faut rien changer : s'il changeait un mot, il s'exposerait à un double danger, celui d'être méprisé comme un lâche par les adversaires qui l'écoutent, et celui d'être désavoué et condamné comme hérétique par l'Église, gardienne de l'orthodoxie. Sans rien changer, peut-il expliquer? L'Alle-

6

magne fait ainsi ; elle commente par le symbolisme mystique tous les événements de cette première enfance de l'humanité; l'exemple est
périlleux : si on admet le symbolisme au paradis,
pourquoi le repousser du calvaire? Si la chute est
un mythe, la réparation sera-t-elle une réalité?
Lacordaire voit le danger, l'affronte et y échappe.
Sa pensée est si haute, qu'elle élève les esprits
de l'auditoire, et il y a certains lieux de l'intelligence où ne peut atteindre l'ironie; Lacordaire y
demeure, et, par les enchantements d'un style
tout à la fois ingénu et ingénieux, il fait accueillir
le plus naïf des récits par l'admiration docile des
esprits les plus sceptiques ; historien de ces récits
merveilleux, Lacordaire fut en même temps psy-
chologue; c'est là un de ses caractères les plus
vrais ; Lacordaire caresse ce goût naturel de
l'esprit philosophique de nos contemporains. Les
conférences de 1850 et de 1851 sur l'épreuve, la
tentation, le concours de la nature et de la grâce,
l'hérédité de certains instincts, sont remplies
d'une psychologie très-heureusement développée.

Les dernières conférences qu'a données à Paris
Lacordaire furent prêchées dans le carême de
1851. Le programme d'enseignement qu'il avait
arrêté en 1835 était rempli; pendant ces longues prédications, il s'était efforcé d'allumer,
dans l'intelligence de ses auditeurs , « la lu-

mière de la vérité; » il restait à demander la vertu à des hommes à qui, avec une certaine confiance, il pouvait se vanter d'avoir communiqué la foi. Les conférences de 1852 auraient eu un caractère moins philosophique, moins intellectuel; elles auraient eu pour objet la démonstration des vérités morales. Le 2 décembre 1851 remplit l'âme de Lacordaire d'une tristesse douloureuse et d'une profonde amertume. Quelques jours après le coup d'État, il prêcha à Saint-Roch un sermon de charité; il avait pris pour sujet : « *De la grandeur de l'homme;* » l'ardeur de ses croyances blessées trahit la prudence de l'enseignement sacerdotal, et selon quelques-uns, les convenances mêmes de la chaire religieuse. Fut-il forcé au silence? d'où lui vint l'ordre de le garder? s'éloigna-t-il volontairement et par la crainte personnelle d'un entraînement irrésistible? Lacordaire a dit quelque part qu'il disparut de l'œuvre que la Providence lui avait confiée « par une crainte spontanée de sa liberté devant un siècle qui n'avait plus toute la sienne. »

VII

Dans une des vallées les plus pittoresques et les plus reculées du département du Tarn, sur le bord d'un petit torrent, le Sor, et d'une grande forêt, la forêt de Ramodens, la compagnie des religieux de Saint-Maur avait, au xviie siècle, fondé une grande école d'enseignement catholique : l'école de Sorèze, très-florissante à la fin du xviiie siècle et pendant les dernières années de l'ancien régime. Cette école ne fut point fermée pendant la révolution; elle dut cette faveur aux opinions de son directeur, dom Ferlus, moine philosophe comme il y en eut tant vers la fin de ce siècle. Après la révolution, les destinées de Sorèze furent compromises par la rivalité de l'Université : celle-ci arma contre l'enseignement catholique de Sorèze toutes les passions libérales de la restauration, et la cause fut portée devant la haute juridiction de l'assemblée représentative. La loi sur la liberté d'enseignement consacra, en 1848, l'indépendance de Sorèze; mais ce collége, malgré ses vieilles traditions et la grande popularité qui dans le midi accueille son enseignement, prolongeait une décadence depuis longtemps certaine. Lacordaire, exilé de

Paris par une prudence volontaire, eut la pensée
de régénérer l'école de Sorèze, comme vingt ans
plus tôt il avait régénéré l'ordre de Saint-Dominique. Il ne suffit pas de combattre courageuse-
ment pour la liberté, il ne suffit même pas de la
conquérir victorieusement: il reste un dernier devoir, c'est d'exercer les droits revendiqués et
obtenus. Les catholiques avaient demandé pendant plus de trente ans, avec une infatigable ardeur, la liberté d'enseignement : ils ne pouvaie
négliger l'usage de cette liberté sans rendre suspecte leur ardeur même dans le passé, et plus
difficile dans l'avenir le succès de nouvelles réclamations. L'Université d'ailleurs n'avait ni
changé son esprit, ni modifié son enseignement.
Lacordaire comprit que tout l'effort des catholiques devait se porter vers la fondation d'un
vaste enseignement libéral et religieux; il accepta
la direction de l'école de Sorèze. C'était une
œuvre considérable qu'il entreprenait ; il ne s'en
dissimulait ni les difficultés, ni les périls. Homme
de parole, quelquefois homme d'action, Lacordaire avait-il ces qualités, si difficiles à acquérir,
que demande la direction d'une grande école d'enseignement : la régularité et la suite dans les
desseins, le respect inaltérable de la tradition ré-
glementaire, la connaissance et le discernement
des méthodes, la vigilante surveillance, la dou-

6.

ceur et la fermeté? Toutes ces qualités étaient nécessaires à Lacordaire pour donner à l'école de Sorèze l'éclat qu'il désirait pour elle ; il fallait, en outre des professeurs nombreux et instruits : l'Université, devant laquelle on doit toujours en dernier lieu passer pour franchir les grades universitaires, jugerait sévèrement les disciples d'une école de tout temps ennemie. Lacordaire sortit heureusement de cette difficile épreuve. L'enseignement de Sorèze a obtenu dans le midi de la France un grand et légitime succès.

Au milieu des soins considérables de cette vie pédagogique, et jusque dans la retraite de Sorèze, Lacordaire fut plusieurs fois tenté par les préoccupations de la vie publique, pour laquelle était admirablement disposée la nature de son caractère.

Le 18 juillet 1852 il prononce à Toulouse un discours pour la translation du chef de saint Thomas d'Aquin : sa pensée, blessée par les événements qui viennent de s'accomplir, hésite et trahit des espérances imprudentes peut-être. Le grand orateur livre à la foule la confidence douloureuse de ses doutes ; il se demande le nom du siècle qu'il traverse, et il trouve qu'il n'en a pas encore : « Mélange étonnant d'infortune et de gloire, de décadence et de jeunesse, d'ignorance et de lumière, d'égoïsme et de dévoûment, ce siècle ne sait quel est le terme où il marche, ni le dessein qui le conduit. Va-t-il, tout chargé de ruines et incapable de reconstruire, aux gémonies de l'histoire? ou bien, poussé par une main généreuse qui tantôt le retient, tantôt le pousse en avant, va-t-il, d'expérience en expérience, au repos d'une longue virilité? »

Un an après, le 7 juillet 1853, Lacordaire prononce le panégyrique du bienheureux Fourier : son talent décroît, sa parole est moins chaleureuse, sa pensée perd peu à peu les hautes qualités qui la distinguèrent longtemps ; mais cette décadence est plutôt apparente que réelle. Lacordaire continue les habitudes de vie laborieuse et active qui furent celles de sa jeunesse et de sa maturité. Il se préoccupe plus que jamais des idées politiques au milieu desquelles il a été jeté à vingt-cinq ans par les événements ; il les a rarement méditées avec recueillement. Les loisirs de Sorèze lui donnent l'occasion de ces réflexions profondes dont sa conviction sortira plus ardente et plus pieuse. Il se fait admettre à l'Académie de législation de Toulouse, et, le 2 juillet 1854, il y prononce un discours sur la loi de l'histoire qui est une véritable profession de foi religieuse et politique. Jusque-là le célèbre dominicain a manifesté des aspirations libérales et des sentiments indépendants. Dans ce discours sur la loi de l'histoire il trace le programme honnête et parfaitement sage d'une démocratie libérale et catholique. Lacordaire indique avec une grande précision ce qu'il faut entendre par les idées révolutionnaires ; le mot révolution l'effraye : il préfère se servir d'une expression plus douce et moins pleine de souvenirs, *l'esprit moderne.* Les tendances de cet esprit sont-elles contraires à l'esprit de l'Église? Nullement. Lacordaire établit que la liberté religieuse et la liberté politique sont aussi favorables au catholicisme que naturellement favorisées par lui ; cette acceptation indépendante et sage de la révolution par un des représentants de l'Église catholique, est un grand fait. Les affirmations sur lesquelles il repose ne sont pas, comme en 1830, échappées aux ardeurs juvéniles d'une intelligence ardente, excitées par les débats passionnés d'une polémique ; elles sont l'expression calme, raisonnée et mûrement réfléchie d'une pensée sûre d'elle-même et d'une expérience autorisée par le temps.

La sympathie et l'admiration réveillées à Toulouse par le discours sur la loi de l'histoire l'appelèrent à donner dans cette ville, en 1854, la suite des conférences de Notre-Dame de Paris. Les six conférences que Lacordaire prêcha alors appartiennent à l'enseignement moral qui devait continuer l'enseignement philosophique et rationnel commencé dans la capitale. L'orateur y retrouva d'admirables accents : le but de la vie est la félicité, non la félicité grossière et trompeuse que promettent les sens, mais la félicité invisible qui est en Dieu seul; l'âme humaine, faisant pour atteindre ce but l'effort que lui commande la loi de sa nature, rencontre un obstacle : *les passions*. Elles sont le triste portique de la vie humaine ; nous ne pouvons pas les éviter. « Comme ces chiens sauvages qui gardent l'entrée des maisons inhospitalières, les passions sont aux portes de l'homme, et avant de pénétrer dans les régions lumineuses de son être, il nous faut passer sous les aboiements de ses vices ; » la vie morale est la lutte de l'âme humaine aux prises avec ces rudes adversaires ; elle y combat avec ses vertus : vertus naturelles, vertus surnaturelles, vertus privées, vertus publiques. La sixième conférence est consacrée à ces dernières. On a souvent reproché au christianisme d'avoir retiré les fidèles de la vie publique, pour les préoccuper uniquement de l'œuvre solitaire de leur perfection. « On lui reproche d'avoir substitué aux agitations du forum humain la paix égoïste de la conscience et le charme tranquille du commerce avec Dieu. De là, dit-on, l'infériorité publique des nations chrétiennes comparées aux peuples de l'antiquité, un abaissement des caractères et des institutions ;

je ne sais quoi de faible qui appelle la servitude sous le nom d'obéissance, et la justifie par l'idée d'honneur. "

Lacordaire entendait ce reproche, et nul mieux que lui ne pouvait y répondre. Il le fit avec une grande hauteur de pensée et un admirable éclat de style. Pendant trop longtemps la chaire catholique, placée en face de l'absolutisme, n'a pu retentir que des conseils de la morale privée ; les devoirs publics des citoyens, les vertus publiques et sociales n'y ont point été enseignées. Les grands sermonnaires du xviie siècle, modèles admirables, mais dangereux de la prédication catholique, ne recommandaient aux gouvernés que l'obéissance, aux gouvernants qu'une certaine sollicitude paternelle. L'esprit moderne demande que le prêtre catholique donne aux âmes d'autres leçons. Lacordaire l'avait compris en 1830 ; il était alors retenu dans les traditions par la crainte d'une innovation pleine de périls. Lacordaire, en 1854, trouvait dans l'expérience de sa vie écoulée et dans la maturité de sa pensée le droit d'une confiance moins timide, et il imprima aux conférences de Toulouse ce caractère nouveau d'un enseignement réellement public et social.

Il ne descendit de la chaire de Toulouse que pour donner sa vie tout entière aux préoccupations pédagogiques auxquelles il s'était prêté de-

puis le 2 décembre. C'est à ce mouvement nouveau de pensée et de soin qu'il faut attribuer le
discours prononcé à la distribution solennelle des
prix de l'école de Sorèze, le 7 août 1856, et les
Lettres à un jeune homme sur la vie chrétienne,
datées de Sorèze 1858. Lacordaire n'est, dans
ces dernières années, remonté ni dans la chaire
de Toulouse ni dans celle de Notre-Dame de
Paris. Il a publié une brochure à l'occasion des
événements de Rome : il y défend le gouvernement pontifical contre des calomnies et d'injustes
attaques ; il y reconnaît, avec une haute bonne
foi, les défauts de ce gouvernement ; il résume ces
défauts dans un reproche sans amertume et non
sans portée : le malheur du gouvernement pontifical est d'être un gouvernement d'ancien régime.
Lacordaire, placé en face des grandes questions
que soulève l'existence temporelle de la papauté,
ne pouvait se ranger parmi ces esprits chagrins
et aveugles qui confondent toujours les justes réclamations de la liberté avec les factieuses émeutes
de la révolte ; il ne pouvait dépouiller cette vieille
sympathie qu'éveille dans toutes les âmes généreuses l'effort d'un grand peuple cherchant son
indépendance, et prêt à l'acheter par les plus
rudes sacrifices. Lacordaire ne pouvait, d'autre
part, s'associer aux attaques perfides dont le
Saint-Siége est l'objet, et déserter aux jours diffi-

ciles la cause sacrée de l'Église ; il a su, avec un
rare bonheur, concilier l'amour de la liberté ita-
lienne avec le respect de la liberté pontificale. Sa
brochure n'a point excité l'attention ; elle n'a
point trouvé d'approbation ardente ; la raison en
est simple mais très-glorieuse : Lacordaire ne
caressait aveuglément aucune des passions ni
aucun des préjugés en conflit.

Des préoccupations moins graves ont inspiré
au dominicain l'idée d'un livre très-court, mais
plein de pages charmantes : l'Histoire de sainte
Marie-Madeleine. Historique et légendaire, pleine
des suaves parfums d'une âme mystique et pas-
sionnée, la vie de sainte Madeleine est racontée
avec un art parfaitement naturel, et l'émotion
discrète des plus délicates préférences. C'était la
dernière œuvre littéraire de Lacordaire quand, il
y a un an, il accepta l'honneur d'appartenir à
l'Académie française. Ce n'était pas l'écrivain
qui était appelé au fauteuil vide de M. de Tocqueville, c'était le grand prédicateur de Notre-
Dame, et peut-être pour quelques esprits le
prédicateur passionné du sermon prononcé à
Saint-Roch. Lacordaire, quelles que fussent les
raisons des suffrages qui se réunirent sur son
nom, les mérite par la hauteur de son talent et
l'inaltérable dignité de son caractère.

Il convient ici d'examiner la nature de ce ta-

lent : on a dit avec raison que l'éloquence de l'illustre dominicain était, comme la pensée qu'elle
servait, singulièrement originale. Lacordaire,
voulant donner à l'enseignement catholique une
action plus grande sur l'esprit de la société contemporaine, avait-il, par une habileté très-légi-
time, conformé sa parole et son éloquence aux
habitudes du goût public? était-il involontairement doué, par la nature de son génie, des qualités qui devaient répondre le mieux aux préférences de l'auditoire réuni autour de la chaire de
Notre-Dame? L'une de ces idées peut être juste
sans contredire l'autre, et il est probable que les
deux causes associées produisirent le même résultat, la vogue très-grande qui s'attacha à la
parole de Lacordaire. Cette parole avait bien les
qualités et les défauts de la foule assidue à la recueillir ; elle était pompeuse et triviale, voilà ses
défauts ; elle était ardente, chaleureuse, spirituelle et infiniment variée, voilà ses qualités.
La critique, qui doit faire ces deux parts, eût été
impossible sous l'émotion profonde que l'on éprouvait à entendre Lacordaire. Orateur dans toute
la force de cette forte expression, Lacordaire,
quand il prenait la parole du haut de la chaire
de Notre-Dame, et qu'il jetait sur la foule immense l'expression imagée de ses pensées, exerçait une action que n'oublieront jamais ceux qui

7

l'ont ressentie ; sa tête pâle et pleine d'un caractère élevé, son geste à la fois majestueux et
familier, l'accent d'une voix naturellement inhar-
monieuse mais bien ménagée, la variété admirable des mouvements oratoires ; enfin, le prestige
inimitable d'une foi ardente et d'une émotion
toujours parfaitement sincère, toutes ces circonstances accessoires du talent servaient puissam-
ment au succès de l'abbé Lacordaire. Plus tard,
la robe blanche du dominicain, portée avec une
noblesse remarquable, ajouta encore à la magique
influence de sa personne. La critique réfléchie
qui échappait à ces émotions relevait dans la parole de Larordaire des hardiesses étranges de familiarité. Un jour il se demande ce que c'est
qu'un livre, à propos de la Bible qui est le livre
par excellence. « Un homme a une pensée, ou du
moins s'il n'en a pas, il croit en avoir une ; il se
met à son bureau, écrit quatre cents pages sur
cette pensée, puis il va trouver un libraire et lui
dit : Voici un cahier qui, imprimé avec des marges
raisonnables, pourra bien former un volume in-8°.
Combien m'en donnez-vous ? Le libraire prend le
cahier, calcule que mille exemplaires à 7 francs
50 centimes feront 7,500 francs : tant pour l'im-
primeur, tant pour le libraire, tant pour l'auteur :
on imprime l'ouvrage, on l'annonce. S'il réussit,
l'édition s'écoule, il se trouve mille personnes qui

possèdent ce livre, d'autres qui l'empruntent, en sorte que dix où douze mille intelligences sont en communication avec la pensée de l'écrivain ; cela est un succès, et tel que tous ceux qui ont du talent ne peuvent s'en promettre un semblable ; car, même avec du talent, on peut faire un livre qui ne réussit point, et je dis cela pour la consolation d'une foule de gens. » Nous voilà, certes, bien loin de la Bible et bien loin de Bourdaloue, qui n'aurait jamais imaginé une pareille définition du livre.

Un autre jour, l'orateur remarque que « s'il était vrai que le monde eût poussé comme un champignon merveilleux qui aurait crû on ne sait comment, en une nuit, il pourrait finir comme il aurait commencé. » Si ce champignon merveilleux n'étonna personne dans l'auditoire de La- cordaire, c'est qu'il avait un art merveilleux pour dire de telles choses ; il en fallait pour donner du hasard la définition pittoresque que l'on trouve dans une des plus belles conférences : « Vous vous étonnez peut-être quelquefois d'un certain équilibre qui se maintient dans le monde, et qui empêche les plus forts d'anéantir les plus faibles au gré de leurs secrètes convoitises. Comment ces grands empires n'ont-ils pas encore écrasé ces petits États qu'ils ont pour voisins ; c'est que les grands empires ont contre eux le grain de sa-

ble de la vessie de Cromwell. Au moment où
leurs conspirations vont tout renverser et préparer la ruine du droit sur la terre, je ne sais quel
fils de paysan, au coin d'une barraque, aiguise
son couteau sur la meule brisée d'un moulin ; le
garçon, au bruit de la guerre, enfonce sa cas-
quette, fiche son couteau à sa ceinture et s'en va
voir un peu ce qui se passe entre la Providence
et les rois. La fumée de la poudre lui ouvre les
yeux, le sang l'exalte, Dieu lui met dans la main
un beau coup d'armes, le voilà grand capitaine ;
les empires reculent d'un pas devant lui ; ce couteau et ce paysan, c'est le hasard. » Une autre
fois, l'orateur définira le hasard : « Dieu voulant
garder l'incognito. »

Le piquant de cette familiarité quelquefois
triviale, c'est qu'elle coudoie dans l'éloquence de
Lacordaire une majesté souvent quelque peu dé-
clamatoire. L'orateur prend un jour l'occasion
de raconter la révolution française : « Dans la
chambre où avait dormi saint Louis, Sardanapale
était couché ; Stamboul avait visité Versailles et
s'y trouvait à l'aise ; des femmes, enlevées aux
dernières boues du monde, jouaient avec la cou-
ronne de France ; des descendants des croisés
peuplaient de leur adulation des antichambres
déshonorées et baisaient en passant la robe ré-
gnante d'une courtisane, rapportant du trône

dans leurs maisons les vices qu'ils avaient ado-
rés, le mépris des saintes lois du mariage, l'imi-
tation des saturnales de Rome assaisonnées d'une
impiété que les familiers de Néron n'avaient
point connùe ; au lieu du soc et de l'épée, une
jeunesse immonde ne savait plus manier que le
sarcasme contre Dieu et l'impudeur contre
l'homme..... Un jour enfin, le jour de Dieu se
leva ; le vieux peuple français s'émut de tant
d'ignominie ; il étendit sa droite ; il secoua cette
société, tombée dans l'apostasie de la vertu, et
la jeta par terre d'un coup ; à l'étonnement pué-
ril de tous ces rois qui flattaient la raison pure,
l'échafaud succéda au trône ! » Il y a sans doute
dans ces phrases des couleurs un peu fausses,
mais, chez Lacordaire, la trivialité est sans bas-
sesse et l'emphase n'est jamais sans grandeur ;
c'est dire qu'avec beaucoup de bonne volonté ses
défauts lui seraient encore comptés pour des
qualités ; le nombre de celles-ci est assez considérable pour qu'il n'y ait pas à le grossir mal à
propos.

Si j'avais à définir l'éloquence de Lacordaire
par un mot qui en résumât pour moi tous les
caractères, je dirais qu'elle fut éminemment sympathique. La grande éloquence ne l'est point toujours : elle commande, elle convainc, elle persuade. La parole de Lacordaire touche profondé-

ment, elle atteint ce résultat par le concours harmonieux et rare de toutes les séductions. La sympathie qui accueillait toujours la parole de Lacordaire tenait en effet à une cause délicate à analyser. L'éloquence de cette parole est très-complète ; je veux dire que si elle remue les principes les plus délicats de la sensibilité, cet effet est produit non-seulement dans le cœur, mais dans l'esprit, dans l'imagination, dans le goût, dans toutes les parties de l'entendement et de la conscience. On éprouve en écoutant certains orateurs une sensation étrange ; l'âme s'émeut par parties ; il en résulte que certaines facultés restant froides et insensibles, observent et surveillent en quelque sorte l'émotion qui se produit à côté d'elles. C'est la sensation dont on est affecté au théâtre quand on pleure à un drame mal écrit, mal conçu et dont on aperçoit tous les défauts, ou quand on écoute sans en être touché une comédie spirituelle mais sans chaleur. Dans un cas le cœur est surpris, mais le goût échappe à cette surprise et condamne ce qui le touche ; dans l'autre, le goût est satisfait, l'esprit content, mais la sensibilité impassible ne prend aucune part à leur émotion. Jamais, en écoutant la parole de Lacordaire, l'auditeur n'éprouvait cette sensation essentiellement pénible. Il y avait une complicité de toutes les facultés qui s'asso-

ciaient pour se laisser séduire. L'esprit était excité par la perpétuelle variété des tours, la mobi-
lité incessante du raisonnement, par je ne sais
quelle ingéniosité des pensées claires. Le cœur
était ému par certains accents pleins de tendresse
qu'un critique éminent appelait « des jaillisse-
ments de sensibilité (1); » discrets épanchements
d'une charité mélancolique et touchante. L'imagination était flattée par les caresses d'une fan-
taisie charmante qui dérangeait par de capri-
cieuses saillies les plans de l'argumentation. Le
goût enfin, sans l'approbation duquel l'éloquence
ne peut avoir d'effet sur un public délicat et
lettré, était rassuré des terreurs que pouvaient
causer certaines témérités de langage et de style,
par la perpétuelle élégance d'une diction populaire quelquefois, mais jamais vulgaire. Si l'on
me demande par laquelle de ces qualités je dis-
tinguerais Lacordaire des orateurs sacrés ou pro-
fanes de notre littérature, je ne saurais le dire;
mais ce que nul autre n'avait eu plus que lui ni
même autant, c'était l'harmonie des caractères
et des qualités les plus variées ; il est inférieur à
beaucoup si on ne prend de lui qu'une qualité;
je ne lui connais pas d'égal si on prend l'ensemble de sa parole : c'est ce qui rend l'admiration

(1) M. Sainte-Beuve, *Causerie du lundi.*

de l'illustre dominicain beaucoup plus facile que l'analyse de son talent. Ceux qui veulent goûter cette admiration sans mélange doivent lire la belle oraison funèbre prononcée à Nancy, le 3 juillet 1847, en l'honneur dn général Drouot ; c'est le chef-d'œuvre de Lacordaire.

Ce talent était-il un heureux effet d'une nature admirablement douée? La question, très délicate à résoudre, ne peut l'être sans laisser quelque doute dans l'esprit : on sent parfaitement qu'il y a beaucoup d'art dans la parole de Lacordaire ; mais on est tenté de croire que cet art échappe à la conscience de celui qui l'exerce : la raison de le penser est que les artifices de Lacordaire sont peu nombreux. L'éloquence de l'illustre dominicain atteint son but au moyen d'un petit nombre de ressources, toujours les mêmes, et dont la variété très-grande est plus facile et plus apparente que réelle. L'une de ces ressources est l'usage, abusif quelquefois, de l'anecdote. Jamais, avant lui, on n'avait vu l'éloquence de la chaire faire un aussi grand usage de la forme anecdotique. Chez Lacordaire on la retrouve à chaque instant. Elle affecte même un caractère particulier qui servirait, si elle nous manquait, à donner la date des conférences. L'anecdote napoléonienne abonde dans les discours de l'orateur de 1835 et de 1845; il s'agit de prouver que la haine de l'égalité est

innée au cœur de l'homme : « Ne savez-vous pas
que le César moderne, recevant en Égypte une
lettre d'un membre de l'Institut, commençant par
ces mots : « Mon cher collègue, » et froissant le
papier dans la main qui avait l'habitude de con-
tresigner la victoire, répétait avec dédain : « *Mon
cher collègue !* Quel style ! » Une autre fois Lacordaire voulait établir que la théophilanthropie
n'avait pu créer une religion : « Lorsque Dieu,
après la révolution, eut présenté à la France le
jeune consul qui devait la réorganiser, cette secte
philosophique et religieuse vint, comme tout le
monde, s'offrir à lui ; le jeune homme ne dit que
ce mot : « Messieurs, vous n'êtes que quatre
« cents, comment voulez-vous que je fasse une
« religion avec quatre cents hommes ? » L'époque révolutionnaire fournit aussi ses anecdotes,
et l'orateur aime à rappeler l'enthousiasme de
« ces soldats qui, dans des temps encore voisins de nous, allaient sans souliers et sans
pain combattre sur la frontière et mouraient
contents, en criant de leur dernier souffle : Vive
la République ! » Napoléon et les soldats du premier empire ne fournissent plus d'anecdotes aux
conférences de Toulouse, prêchées de 1851 à
1855. Mais Lacordaire, pour être forcé de choi-
sir ailleurs ses exemples, ne renonce pas au
plaisir d'en donner.

L'anecdote est en France une des ressources les plus heureuses d'une parole qui veut se faire écouter. Il en est une autre qne, dans le théâtre ancien, on appelait parabase ; l'auteur, cessant de jouer son rôle, prenait la parole en son propre nom pour le juger. Ce petit artifice oratoire, qui rappelle à l'auditoire l'homme qui lui parle et l'intéresse davantage à la parole qu'il entend, est fréquent chez Lacordaire. Il ne craint pas de se mettre en scène, et il le fait toujours avec grâce. Un jour, citant Bossuet, il sent que sa citation est inexacte ; que va-t-il faire, se reprendre et dissimuler l'inexactitude? Il s'en excuse par un mot heureux : « Je cite, dit-il, de cette mémoire que les grands hommes créent toujours dans l'esprit, alors même que l'airain de leur parole ne s'y grave pas. » Une autre fois, — c'était en juin 1848, — l'orateur, jugeant le temps qu'il traversait, se laissa aller jusqu'à dire : « Ouvrez les yeux, nous sommes à Babylone et nous assistons au festin de Balthazar. » Puis, corrigeant aussitôt cette infraction aux traditions pacifiques de la parole religieuse : « Dois-je vous demander pardon si j'ai laissé aller mon âme aux émotions d'un temps si fertile en hautes leçons? ai-je trahi les intérêts de la vérité en vous montrant dans les catastrophes de notre siècle le rôle vengeur qu'elle y joue? Si je l'ai fait, que la vérité et vous me le pardonnent, et remontons ensemble aux régions pacifiques où rien de terrestre ne se mêle à la contemplation des causes et des lois. » Lacordaire avait dit, dans une de ses conférences, que les pauvres étaient les cousins des rois. Le mot avait surpris. A quelque temps de là, il revient à la même idée et répare par une singulière correction sa première témérité : « J'ai dit autrefois dans cette chaire que nous étions les cousins des rois ; on s'est beaucoup étonné de cette expression : je la rétracte donc ; nous ne sommes pas les cousins des rois, nous n'en sommes que les frères ; c'est assez pour nous. » Ce n'était pas sous la république que Lacordaire risquait cette expression et la rétractait si audacieusement. C'était bien là ce que les critiques d'Alexandrie eussent appelé la « parabase politique, la parabase littéraire. » L'orateur trouva un jour l'occasion d'apprendre à son auditoire qu'il avait le goût des idées un peu aventurées ; il parlait de l'ambition innée chez l'homme d'exercer sur ses semblables une domination : « Je n'insisterai pas sur cette vérité ; car c'est un lieu commun, et, par la grâce de Dieu, j'ai horreur du lieu commun. » On ne sait vraiment trop pourquoi la grâce de Dieu inspirerait aux hommes l'horreur plutôt que l'amour du lieu commun. Cette habitude de mêler les impressions personnelles aux majestés de la parole évangéli-

que donnait à l'éloquence de Lacordaire un caractère très-sympathique. C'était une flatterie très-
innocente au goût d'un auditoire qui, à l'église
comme dans les assemblées politiques, aime à
sentir l'homme sous l'orateur.

L'éloquence de Lacordaire est bien le reflet de
son caractère et comme l'image fidèle de sa nature. De son talent, comme de lui-même, on
peut dire qu'ils furent de leur temps. Ce jugement tombant de certaines lèvres est un éloge;
pour quelques esprits c'est un blâme : tout
dépend de l'estime où l'on tient le siècle dans
lequel on vit. Il y a des hommes qui de très-
bonne foi jugent sévèrement notre époque, qui
préfèrent le côté sombre du tableau aux parties
lumineuses, qui ferment l'oreille aux espérances,
aux consolations, aux voix enthousiastes, qui
l'ouvrent aux plaintes, aux dénigrements, aux
récriminations. Ces hommes se font gloire de
n'être pas de leur temps; ils entendent par là
qu'ils valent mieux que leurs contemporains. Il
y en a d'autres qui sont heureux de vivre au
temps actuel, qui y trouvent beaucoup de bonnes
choses et de grandes idées, qui ne regrettent rien
du passé et ne demandent pas à l'avenir de trop
se hâter. Ceux-ci veulent être de leur temps; ils
ont à honneur d'être du même siècle que leurs
contemporains. Ces deux opinions extrêmes ne

se convaincront jamais l'une l'autre ; elles tiennent aux habitudes mêmes des esprits, à la nature la plus intime des âmes. Selon que l'une ou l'autre domine la pensée, on absout ou on condamne Lacordaire.

Paris. — Imp. de W. REMQUET ET Cie, rue Garancière, 5.

Œuvres complètes du R. P. Lacordaire, des Frères-Prêcheurs. 6 vol. in-8.   36 fr. »

— Le même, 6 vol. in-12.   20 fr. »

Sainte Marie-Madeleine, par le R. P. Lacordaire, 1 vol. in-18.   2 fr. »

Vie du P. de Ravignan, de la Compagnie de Jésus, par le R. P. de Ponlevoy, de la même Compagnie. 2 beaux vol. in-8, ornés d'un portrait gravé par M. Martinet, membre de l'Institut, avec un autographe.   15 fr. »

— Le même, 2 vol. in-12, avec portrait et autographe.   7 fr. 50

Le Curé d'Ars, vie de M. Jean-Baptiste Marie Vianney, publiée sous les yeux et avec l'approbation de Mgr l'évêque de Belley, par l'abbé Alfred Monnin, missionnaire. 2 beaux vol. in-8, avec portrait et autographe.   15 fr. »

— Le même, 2 forts vol. in-18, avec portrait et autogr.   8 fr. »

Ma Conversion et ma Vocation, par le R. P. Schouwaloff, 1 vol. in-8.   6 fr. »

De l'Éducation, par Mgr Dupanloup. 3 vol. in-8, avec un magnifique portrait de l'auteur, gravé par M. Martinet, membre de l'Institut.   22 fr. 50

— Le même, 3 vol. in-18 jés., avec portrait de l'auteur.   10 fr. 50

Une nation en deuil, la Pologne en 1861, par M. le comte de Montalembert, in-8.   1 fr. 50

Les Sociétés de Charité, les Francs-Maçons et la Circulaire du 16 octobre, par Mgr Dupanloup, in-8.   1 fr. »

La Souveraineté pontificale et la liberté, par M. Albert de Broglie, in-8.   1 fr. »

Monseigneur Dupanloup, par M. Léon Saint-Albe, in-8. 1 fr. »

Imprimerie de W. REMQUET, GOUPY et Cie, rue Garancière, 5.

www.ingramcontent.com/pod-product-compliance
Lightning Source LLC
Chambersburg PA
CBHW060151100426
42744CB00007B/980